私の一冊

知らなかったことを知るよろこび

迷いのなかに見い出す標

広がってゆく世界

一冊の本との素敵な出会いがありますように

私の一冊

ひとつひとつ積み重ねることがやがて

深い学びに戻り出すとき

広がってゆく世界

一冊の本との素敵な出会いがありますように

Kokugakuin Book Project

みちのきち

はじめに

本書は、将来を見通すことの困難な現代に生きる若者への強く熱いメッセージである。青春時代はそれでなくとも不透明で曖昧だ。場合によっては、もがき苦しむことも覚悟しなくてはならない。

良い読書は人生の障壁を破ることがあると、賢人たちは指摘している。人生の指針となるような本に出会える確率は、圧倒的に若者の方が高いだろう。「書物は青春時代における道案内」、アメリカの哲学者ロバート・コリアーが残した言葉である。

本書は多くの方々からの寄稿で成り立っている。社会の第一線で活躍されている方々が、本書の趣旨に賛同し、ボランティアで原稿を寄せられたのである。次の時代を担う若者に、自らの経験を踏まえて、今読んでおくことが将来にわたって有益だと思える本を選び、メッセージを添えていただいた。

選ばれた本は多様であった。やはりと思われる本もあったが、この方がこの本を選んだのかと驚くものも少なくなかった。

私事を少しだけ記すと、私が高校・大学時代に読んだメルロ＝ポンティ『知覚の現象学』、孔子『論語』、『ブッダのことば─スッタニパータ』の三冊はその後の人生観の底流になったように思う。小説では、ドストエフスキー『カラマーゾフの兄弟』、プルースト『失われた時を求めて』、ゴールディング『蝿の王』が鮮烈だった。面白かった本は挙げればきりがない。

本を読んでほしい。読書離れがいわれて久しいが、読書が人生を豊かにすることはまちがいない。本を読んで成熟した大人になり、社会に貢献することを、心から願っている。そうすれば、刊行に尽力をいただいた多くの方々の労苦は報われたことになる。

國學院大學みちのきちプロジェクト代表　石井研士

目次

＊肩書は平成30年4月1日現在

池上 彰　　　［ジャーナリスト］——————— 12

池井戸 潤　　　［作家］——————— 14

三遊亭歌る多　　　［落語家］——————— 16

千葉 雄大　　　［俳優］——————— 18

小島 慶子　　　［エッセイスト］——————— 20

長谷川 穂積　　　［元プロボクサー］——————— 22

鈴木 ちなみ　　　［女優］——————— 24

佐々木 常夫　　　［佐々木常夫マネージメント・リサーチ代表］—— 26

近藤 ようこ　　　［漫画家］——————— 28

木住野 彰悟　　　［グラフィックデザイナー］——————— 30

林 真理子　　　［作家］——————— 32

佐藤 康光　　　［日本将棋連盟会長・棋士］——————— 34

戸田 恵梨香　　　［女優］——————— 36

尾賀 真城　　　［サッポロホールディングス社長］——————— 38

鶴田 真由	［女優］	40
谷尻 誠	［建築家］	42
アニマル浜口	［元プロレスラー］	44
中川 政七	［中川政七商店社長］	46
門広 乃里子	［國學院大學法学部長・教授］	48
白鵬 翔	［横綱］	50
岩古 良春	［タリーズコーヒージャパン社長］	52
右松 健太	［日本テレビ記者］	54
花田 紀凱	［雑誌編集者］	56
小宮山 誠	［銀座ルノアール社長］	58
江幡 哲也	［オールアバウト社長］	60
後藤 正幸	［日本中央競馬会理事長］	62
髙橋 忍	［能楽師］	66
森 英恵	［デザイナー］	68

赤井　益久	［國學院大學学長・教授］	70
藤原　弘治	［みずほ銀行取締役頭取］	72
木村　宗慎	［茶道家］	74
寺田　夏生	［陸上選手］	76
三毛　兼承	［三菱ＵＦＪ銀行頭取］	78
岩下　尚史	［作家］	80
山崎　ナオコーラ	［作家］	82
山本　寛斎	［デザイナー・プロデューサー］	84
小谷　正勝	［読売巨人軍コーチ］	86
丸山　ゴンザレス	［ジャーナリスト・旅行作家］	88
髙島　誠	［三井住友銀行頭取］	90
櫻井　よしこ	［ジャーナリスト］	92
武田　秀章	［國學院大學神道文化学部長・教授］	94
川勝　平太	［静岡県知事］	96

田村　弘	［國學院大學北海道短期大学部学長］	98
千野　隆司	［作家］	100
前田　康弘	［國學院大學陸上競技部監督］	102
久保田　るり子	［産経新聞編集委員］	104
井上　洋一	［東京国立博物館副館長］	106
藤波　辰爾	［プロレスラー］	108
関野　吉晴	［探検家・医師］	110
高橋　はるみ	［北海道知事］	112
田中　健一郎	［ＴＢＳプロネックス社長］	114
山本東次郎則寿	［大蔵流狂言方］	118
東　和浩	［りそな銀行社長］	120
吉田　茂穂	［鶴岡八幡宮宮司］	122
ピーター バラカン	［ブロードキャスター］	124
長岡　孝	［三菱ＵＦＪ証券ホールディングス会長］	126

西 樹	［シブヤ経済新聞編集長］	128
石川 則夫	［國學院大學文学部長・教授］	130
橋本 五郎	［読売新聞特別編集委員］	132
若林 辰雄	［三菱UFJ信託銀行会長］	134
佐柳 正三	［学校法人國學院大學常務理事］	136
古賀 信行	［野村ホールディングス会長］	138
石井 幹子	［照明デザイナー］	140
津田 栄	［國學院高等学校校長］	142
大塚 朝之	［猿田彦珈琲社長］	144
スティーブン セア	［GAP JAPAN社長］	146
黒岩 祐治	［神奈川県知事］	148
田沼 茂紀	［國學院大學人間開発学部長・教授］	150
嵐山 光三郎	［作家］	152
久保 哲也	［SMBC日興証券会長］	154

勝俣 伸	［富士屋ホテル社長］	156
今井 寛人	［國學院大學久我山中学高等学校校長］	158
池坊 専好	［華道家元池坊次期家元］	160
池田 弘	［NSGグループ代表］	162
吉田 浩一郎	［クラウドワークス社長］	164
橋元 秀一	［國學院大學経済学部長・教授］	166
李 済華	［FC琉球総監督］	168
小池 百合子	［東京都知事］	172
坂井 辰史	［みずほフィナンシャルグループ社長］	174
中嶋 常幸	［プロゴルファー］	176
ミヤマ ケイ	［美術作家］	178
栗原 心平	［料理家］	180
坂本 真綾	［歌手・声優］	182
坂本 大記	［國學院大學柔道部監督］	184

増田　寛也	［元総務大臣］	186
水口　圭	［フジテレビジョン部長職］	188
舞の海秀平	［NHK大相撲専属解説］	190
四宮　啓	［弁護士］	192
鎌田　由美子	［カルビー上級執行役員］	194
茂木　健一郎	［脳科学者］	196
伊藤　護	［國學院大學ラグビー部監督］	198
田丸　麻紀	［タレント・女優］	200
佐藤　尚之	［コミュニケーション・ディレクター］	202
五月　千和加	［日本舞踊五月流家元］	204
鎌田　實	［医師］	206
橘　ケンチ	［EXILE/EXILE THE SECOND］	210
小谷　みどり	［第一生命研究所主席研究員］	212
鳥山　泰孝	［國學院大學硬式野球部監督］	214

上野　誠	［奈良大学教授］	216
玄理	［女優］	218
三宅　宏実	［ウェイトリフティング選手］	220
見城　徹	［幻冬舎社長］	222
新井　恵理那	［キャスター］	224
大場　美奈	［SKE48 チームKⅡリーダー］	226
渡辺　俊介	［元プロ野球選手］	228
杉山　愛	［元プロテニスプレーヤー］	230
野本　弘文	［東京急行電鉄会長］	232
有川　浩	［作家］	234
幅　允孝	［ブックディレクター］	236

おわりに　238

紹介者名索引　246

書名索引　250

君たちはどう生きるか

吉野 源三郎 著
岩波文庫

©吉田和本

昭和25年生まれ。長野県出身。慶應義塾大学卒業後、昭和48年NHKに記者として入局。地方勤務を経て、東京の報道局社会部で警視庁や気象庁、文部省(現・文部科学省)などを担当した後、平成6年から「週刊こどもニュース」キャスターとして人気を博する。平成17年フリーとなり、現在はジャーナリストとして多くの著書を刊行する。

ジャーナリスト

池上 彰

子どもの頃に読んで感動し、いまも折に触れて読んでいます。戦前に旧制中学の学生を対象に書かれた本ですから、子ども向けではありますが、取り上げられているテーマは古くて新しい問題ばかりです。

この書を読むと、「自分はどう生きるべきか」を考えるようになるはずです。

卵をめぐる祖父の戦争

デイヴィッド・ベニオフ 著

早川書房

©国府田利光

昭和38年岐阜県生まれ。慶應義塾大学卒。『果つる底なき』で江戸川乱歩賞、『鉄の骨』で吉川英治文学新人賞、『下町ロケット』で直木賞を受賞。他の作品に、半沢直樹シリーズ、花咲舞シリーズ、『空飛ぶタイヤ』『陸王』『民王』『ようこそ、わが家へ』『アキラとあきら』などがある。

作家

池井戸 潤

戦争の悲惨さを伝えつつ、同時に青春小説としての輝きを放つ本作は、時代も設定もまったく違いますがサリンジャーの『ライ麦畑でつかまえて』を彷彿とさせるみずみずしさに溢れた傑作です。
心ゆくまで好きな本を読めるのは学生時代の特権みたいなものです。いまのうちにできるだけ多くの本に接しておくことをお勧めします。

松平家 心の作法

松平 洋史子 著
講談社

昭和37年生まれ。東京都荒川区出身。國學院大學を経て、昭和56年三代目三遊亭圓歌に入門。前座名は歌代。昭和62年二ツ目に昇進し「歌る多（かるた）」と改名。平成5年女性初の真打に昇進し、平成22年から一般社団法人落語協会理事に就任。出囃子は「正月娘」、紋は「かたばみ」。主な持ちネタに「宗論」「西行」「替り目」がある。

落語家

三遊亭 歌る多

本という事で……。女性向きに書かれたようですが、男性にも十分参考になる内容だと思います。恐らく以前は、暮らしの中で自然に身に付いていた事かもしれない生き方が、表題が掲げられ、わかりやすい言葉で記されています。表題に英訳が添えられているのが洒落ています。心乱れている時、怒っている時、嬉しい時、悲しい時、大人になりかけでも大人でも、ふとした時に手に取ると心が潤う本です。是非読んでみてください。

恋と退屈

峯田 和伸 著

河出書房新社

平成元年生まれ。宮城県出身。平成22年「天装戦隊ゴセイジャー」主演で本格的に役者デビューを果たす。平成28年映画「殿、利息でござる！」で第40回日本アカデミー賞新人俳優賞を受賞。以後、映画「帝一の國」、NHK連続テレビ小説「わろてんか」、舞台「危険な関係」など話題作が相次ぎ、ますます活躍の場を広げている。

俳優

千葉　雄大

　大学生の時は、たくさんの刺激を求めていました。高校生までは閉ざされた環境に自ら身を置いて、どこかやらされているような生活を送っていたのですが、東京に上京し、外の世界にそれを求めました。本もたくさん読みました。小説をはじめ純文学やら詩集などジャンルを問わず。その中で僕は音楽が好きで、高校生の時に『恋と退屈』を読み、それを携えて上京しました。僕の青さを肯定してくれる一冊でした。友人に誕生日プレゼントとしてこの本を贈ったことがあるのですが、今でもその友人とはあの時の青さを心に残しながら一緒に歳を重ねられている気がします。

世界は一冊の本

長田 弘 著
晶文社

昭和47年生まれ。学習院大学卒業後、平成7年TBS入社。アナウンサーとしてテレビ・ラジオに出演。平成11年第36回ギャラクシーDJパーソナリティ賞受賞。平成22年TBS退社。平成27年朝日新聞社パブリックエディター就任。平成29年より東京大学大学院情報学環客員研究員。著書に『わたしの神様』『ホライズン』ほか。

エッセイスト

小島　慶子

大人になるほど、世界が広く、自分が小さくなります。旅は長く、孤独になります。それは案外、悪くないものです。

表題作の詩はとても有名ですが、何度読んでも胸を打たれます。読むたびにいつも違う景色が見え、初めての風の匂いがするのです。

あなたは同じではいられない。私は変わってしまう。生きている限り、私たちはいつも新しい。

読むべきものは書棚にあるとは限りません。

目に映るものに、あなたの裸の手の中に、いつもページは開かれています。

これからの人生、どうかあなたに良き出会いがたくさん訪れますように。

覚悟の磨き方

池田 貴将 著

サンクチュアリ出版

昭和55年生まれ。兵庫県出身。平成11年プロデビュー。WBC世界バンタム級、フェザー級、スーパーバンタム級の世界3階級制覇王者。バンタム級では5年世界王者に君臨し、その間10度の防衛に成功し、4度の年間MVPを受賞。平成28年世界チャンピオンのまま引退。現在はボクシング中継解説者のほか東京医療学院大学特任講師を務める。

元プロボクサー

長谷川　穂積

自分が是非読んでほしい本は『覚悟の磨き方』です。

僕は常々「ボクシングの試合において必要なのは勇気じゃない、覚悟です」と公言してきました。

試合前にやるしかないと腹をくくり覚悟さえ決めれば、勝手に勇気は後から沸いてくる。

それは人生についても同じだと思ってる。

じゃあどうすれば覚悟を作れるのか、覚悟を磨けるのか？

覚悟とはそもそもなんなのか？

この本を読むことで少しは理解できるようになると思います。

覚悟だけではなく、カッコいい人間になるにはどういう考え方がカッコいいのか。

人それぞれカッコよさの定義が違うと思うが、きっとこの本の中にいくつかのヒントが隠されています。

今悩んでる方にもなにかヒントが見つかるような、そんな素晴らしい本です。

旅に出よう —世界にはいろんな生き方があふれてる—

近藤 雄生 著

岩波ジュニア新書

平成元年生まれ。岐阜県出身。平成20年にモデルデビューし、翌年東レ水着キャンペンガールに選出。平成24年には「めざましどようび」TOP OF THE WORLD海外企画コーナーで22カ国30渡航の海外レポーターを務めた。現在も雑誌やテレビ、情報番組やCMなど多数出演。平成28年からは岐阜県観光大使「飛騨・美濃観光大使」も務めている。

女優
鈴木 ちなみ

ページをめくると、旅の光景が浮かび上がってくる。空港へ降り立った時の香り。どんな出会いがあるんだろうと期待と不安を胸に抱え旅は始まる。

この本は著者の5年におよぶ旅の物語が詰まっている。どのページを開いても著者が目で見て肌で感じたノンフィクションが広がっているのだ。現代、インターネットやメディアの普及により実際に足を運ばなくても海外へ行ったり知った気分になれる。だが、その場に足を運んで感じたこと以上の財産はない！と、この本は教えてくれる。

私自身海外に2年間で22カ国30渡航以上した経験がある。この本は2年間の旅が終わって数年してから出会った本だ。旅をする前に出会っていたら、と惜しむ気持ちがちょこっとばかしある。旅での発見、新しい価値観に気づかせてくれる。だからこそ、これから沢山の旅に出るであろうみなさんに贈ります。

ビジネスマンの父より息子への 30通の手紙

G・キングスレイ・ウォード 著
新潮文庫

昭和19年生まれ。秋田県出身。東京大学卒業後、昭和44年東レ株式会社に入社。繊維事業企画管理部長などを経て、平成13年取締役、平成15年株式会社東レ経営研究所社長、平成22年より現職。内閣府男女共同参画会議議員、経団連理事、大阪大学法学部客員教授などを歴任。『40歳を過ぎたら働き方を変えなさい』ほか著書多数。

株式会社佐々木常夫
マネージメント・リサーチ　代表

佐々木　常夫

この本は化学事業を興し成功した人だが、ビジネスマンとしての働き盛りに2度にわたる心臓の大手術を受け、死に直面したとき、生きているうちに自分の様々な経験を息子に伝えたいと切実に考え30通の手紙を書いた。

そこには礼儀正しくふるまうこと、人に会う前はきちんと準備しておくこと、お金は大切につかうことといった細かなことから管理者としてとるべき手法、事業運営上の留意点といった大きな問題に至るまであふれるばかりの愛情に満ちたアドバイスが書かれている。

私はこの本で父親の息子に対する愛情の深さとビジネスマンとしてあるべき心得を教えられ私の一番の座右の書となった。

私は6歳で父を亡くしていたから、父親の愛情に満ちたその本を読んだその衝撃は大きかったし、まさに「一人の父親は百人の教師に勝る」である。

死者の書

折口 信夫 著
中公文庫

昭和32年生まれ。新潟県出身。國學院大學文学部日本文学科卒業。高校時代から高橋留美子らと共に漫画研究会を設立し、昭和54年大学在学中に『ガロ』でデビュー。民俗学・国文学の素養を活かした作風が特徴。『ルームメイツ』『アカシアの道』『水鏡綺譚』『夢十夜』『死者の書』など著書多数。

漫画家

近藤　ようこ

高校生の時、民俗学という学問があると知った。それまで自分が求めているものに何という名前がついているのかわからず、神話学などの本を読んでいた。

民俗学なのだ、しかも折口学が私に合っているようだと思い、『死者の書』を読んでみた。今から考えると最初に論文ではなく小説から入ったのは運がよかったかもしれない。登場人物の心理を通じて折口学の深淵に導かれていったのだから。

『死者の書』は難解といわれるが、形式は普通の近代小説であり、古代的な語彙や神話の断片は『古事記』が好きな私には親しみのあるものだった。それにも関わらず、全く知らない時空へ連れ出されたような感覚は忘れられない。

以来何度も読み返したが、理解が深まったかどうかは覚束ない。それでも私の漫画家としての歩みを、『死者の書』が深いところで支えてきてくれたと思っている。

ティファニーのテーブルマナー

W・ホービング 著
鹿島出版会

昭和50年生まれ。東京都出身。6D設立。企業ブランディング・VI・サイン計画等を数多く手掛ける。主な仕事にKIRIN「Home Tap」のアートディレクション、JAマインズのブランディング他。D&AD、カンヌ、ADCなど国内外多数受賞。また、「みちのきち」ロゴデザイン、本書の装丁デザインも手掛けている。

グラフィックデザイナー
木住野　彰悟

仕事柄、ヴィジュアルのキレイな本をたくさん見る機会があり、本を選ぶ時も「美しいかどうか」という視点で見ることが多くなります。この本は、このような事を本としてまとめること自体がとても気が利いていて、品が良いなと感じました。また、内容とイラストの相性が抜群に良く、情報としても洒落が利いていてとても良いと思います。若い方がステキなものに触れるきっかけになればと思い紹介します。

「みちのきち」のロゴは、この素敵な場所でなければ出来ない、素敵な体験を、この場所だけではなく、「みちのきち」に来たことがない人に伝える役割を担っています。「みちのきち」ではたくさんの本が、木を彩る葉っぱのようにたくさんの情報として存在しています。この情報に触れる若い方の、うきうきした姿、ドキドキする気持ちなど楽しそうな雰囲気を感じられるようにロゴをデザインしました。

細雪

谷崎 潤一郎 著

新潮文庫

昭和29年、山梨県生まれ。日本大学芸術学部卒業後、コピーライターを経て執筆業の道へ。『最終便に間に合えば』『京都まで』での第94回直木賞受賞を始め、柴田錬三郎賞や吉川英治賞、レジオン・ドヌール勲章シュヴァリエ、島清恋愛文学賞など数々の賞を受賞。平成12年からは直木賞選考委員に就任し、以降も様々な文学賞選考委員を務めている。

作家

林　真理子

少女の頃読み、なんと美しい素敵な世界だろうと感動しました。ほとんど意味がわからなかったのですが。

作家になってから、文体、構成、テーマ、登場人物の個性の出し方等、まるで小説のお手本のような本だとつくづく思います。何かの折にふれて、読み返していますが、飽きるということがありません。読むたびに新しい発見があるのです。そして扉をひとつひとつ開けていくような気がします。

今、新聞連載小説を書いていますが、「どう展開していっていいか、どう収拾つければいいかわからなくなってしまった」と編集者に愚痴るともなく言ったところ、「高等遊民小説にストーリーはいらないんですよ、細雪を読めばわかるでしょう、だらだら話が続いているようで読者をいつのまにか酔わせているんです、そういう風に書けばいいんです」と言われ、目からウロコでした。

私にとってますます大切な作品になりました。

孔子

井上 靖 著
新潮文庫

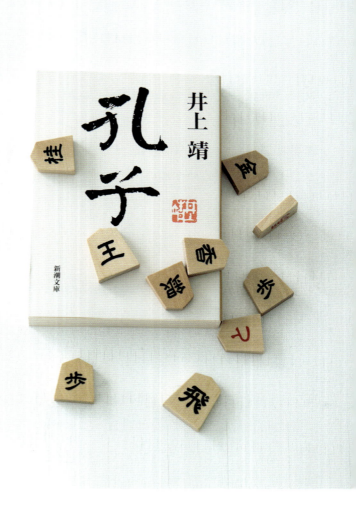

昭和44年生まれ。京都府八幡市出身。昭和57年田中魁秀九段門下、昭和62年四段でプロ棋士となる。平成5年七段、平成8年八段、平成10年九段に昇格。平成29年日本将棋連盟会長。「最優秀棋士賞」「優秀棋士賞」「特別賞」「最多勝利賞」ほか多数の将棋大賞を受賞。平成29年春、紫綬褒章を受章。著書に『新手への挑戦』『長考力』など。

日本将棋連盟 会長・棋士

佐藤　康光

人間は成長するにつれ、多くの考え方を身に着けるようになる。一つのことばで共感することもあれば、異議、様々な解釈・思想などを唱えることもある。

本書は儒教における「四書五経」のひとつである「論語」の孔子のことばから派生する物語で、私が高校を卒業してしばらくして刊行され、読んだ本である。

物の考え方として、まずは真っすぐに考えてみて、様々な派生する枝葉を考え、少しずつ己の形を構築していく。これは将棋の盤上で自分なりに真理の追究をするうえで身に着いたものだが、古のことばからもそういうことを考えられたのかと思った記憶がある。

私自身は残念ながらいつの時期も本を読み漁ったという経験がない。もう少し若いときに本を沢山読んでおけば良かったと思うことが多い。知性を磨くにはやはり読書が有益である。文明が発達した現代においても、若く感受性が豊かで、柔軟な時期の読書は将来の大きな財産になるのではないだろうか。

日日是好日 －「お茶」が教えてくれた15のしあわせ－

森下 典子 著

新潮社

昭和63年生まれ。兵庫県出身。平成17年「エンジン」で連続ドラマ初出演。平成18年公開の「デスノート」で映画初出演。その後、数々の話題作に出演。主な出演作に「ライアーゲーム」シリーズ、「SPEC」シリーズ、「コード・ブルー ドクターヘリ緊急救命」、映画「エイプリルフールズ」、「駆込み女と駆出し男」、「無限の住人」などがある。

女優

戸田 恵梨香

この作品は「駆込み女と駆出し男」という映画を京都で撮影していた時に読んだ本です。撮影当時、私は充実した日々を過ごしていたはずなのですが、どうも空虚な日々だと感じていました。
私は何かを忘れている。その「何か」が分からず、曇った中を歩み続けていた時にこの本と出会いました。
この本には「四季」がありました。
肌に刺さるような太陽。首をすくめたくなるような風。雨の音。
ふわふわと流れ落ちていく雪。幼い頃の情景を思い出しました。
あぁ、これこそが、私の忘れている感情だ。
神戸で生まれ育った私は、近くに山や海があり、自然と触れ合うことが当たり前でした。
ですが、東京に上京してからは、自然、四季を感じる事を忘れ、ただ生きるだけの日々を過ごし、歓びを忘れていたのです。
自然豊かな京都での生活をこの本と過ごし、大きな幸せを手に入れた私は日々是好日なのです。

漢字 −生い立ちとその背景−

白川 静 著

岩波新書

昭和33年生まれ。東京都出身。昭和57年慶應義塾大学卒業後、サッポロビール株式会社入社。首都圏本部東京統括支社長、執行役員北海道本部長、取締役兼常務執行役員営業本部長、平成25年サッポロビール株式会社代表取締役社長を経て現職。

サッポロホールディングス株式会社
代表取締役社長

尾賀　真城

私の名前は「真城」と書き「まさき」と読む。「真」の字は本来「眞」であり、「匕」(か)と「県」(けん)を組み合わせた形である。「匕」は人を逆さまにした形で死者を意味し、「県」は首を逆さまにしたもので災難にあって行き倒れた人を意味するのだそうだ。死者はもはや変化することなく、永遠にして真実なるもの、ここから「まこと」の意味となったのである。

白川静氏の著した字源辞典『字統』を使い、字義を確認することが多くなった。

そのきっかけをつくってくれた本が『漢字』である。

戦後の国字政策により、旧来の字をどう改めたのか判別しがたいまでに簡体化された字が出現した。文字本来の形義を失い、単なる記号となった字も多い。

殷周時代の甲骨文・金文を一字一字トレースし、考え、構造を明らかにしていく。膨大な作業を通して字の初形・初義を解き明かしていった。文字には呪力も魔力もあるとされていた時代が甦る。人生を文字と文化の解明に捧げた知の巨人に接することができる。

あるヨギの自叙伝

パラマハンサ・ヨガナンダ 著
森北出版

神奈川県鎌倉市出身。成城大学文芸学部卒業。昭和63年女優デビューし、ドラマ、映画、舞台、CMと幅広く活動。代表作に、ドラマ「妹よ」「マルモのおきて」、映画「半落ち」「沈まぬ太陽」「64ロクヨン」など。平成8年「きけ、わだつみの声」で日本アカデミー賞優秀助演女優賞を受賞。著書に『神社めぐりをしていたらエルサレムに立っていた』ほか。

女優

鶴田　真由

ヨガに出逢ってから10年以上の歳月が経ちました。

ヨガとは、ただストレッチのように体を動かすだけのものではありません。

私が思うに、それは涅槃へ導くためのカリキュラム。そして、心と体と魂を一体化させて宇宙と繋がっていくための智慧なのです。そこには体験が伴います。

だから、頭ではなく、体＝細胞で理解していくことになるのです。

この本の著者のヨガナンダは1893年にインドで生まれ、米国に渡ってヨガの真髄を多くの人々に説いたヨギーです。みなさんがよく知っているアップルコンピューターの創始者スティーブ・ジョブズがiPadにダウンロードし、生涯何度も読んだと言われている本でもあります。

真理は宇宙の摂理にあります。それが全てのソースとなるのです。

音楽家は音に変換し、絵描きは絵で表現し、数学者は数式で描くのです。

そして、宗教のソースもまたここにあると思うのです。

そのことを全ての宗教者が理解したならば、戦争は起こらなくなるかもしれません。だからこそ、読んで欲しい一冊です。

はじめて考えるときのように
―「わかる」ための哲学的道案内―

野矢 茂樹 著
ＰＨＰ文庫

昭和49年生まれ。広島県出身。平成12年建築設計事務所SUPPOSE DESIGN OFFICE設立。平成26年より吉田愛と共宰。広島・東京の2か所を拠点に、住宅、商業空間を始めとする様々な分野で多数のプロジェクトを手掛け、大阪芸術大学准教授なども務める。JCDデザインアワードを始め、数々の賞を受賞。著書に『談談妄想』『1000%の建築』ほか。

建築家

谷尻　誠

「考える」とはどういうことか？　ものごとの枠組みや考えるためのことばなど「考える」ことの根幹について問いかけながら、「考える」ということについて優しい挿絵とともに丁寧に解説されています。読むと初心にかえることができる、そんな本です。

正直に言うと、僕は本を読むのが嫌いでした。大人になるまで、一冊の本を読みきった事がありませんでした。音色って言葉が出てくると、音の色は何色なんだろうと考えてしまい、前に進まなかったのです。いちいち考えてしまうため、本のストーリーを読むどころか、気になる要素が増えていくばかりでした。でも大人になって初めて読みきったとき、その魅力をやっと知ることが出来ました。文字という情報が、想像を増幅させてくれることで、建築という形をつくることも可能にしてくれましたし、いまでは言葉がないと建築がつくれない自分がいます。

國學院大學に作った「みちのきち」は、そんなきっかけをつくるために考えた場所です。この場所を訪れてくれた人の未知へのきっかけの場所になれば嬉しく思います。

修身教授録 一日一言

森 信三 著
到知選書

昭和22年生まれ。島根県出身。22歳でプロレスラーとなり、国際プロレスや新日本プロレス等で活躍。昭和62年に引退後は多数の名プロレスラーを育成。長女の京子さんをアマチュアレスリング世界チャンピオンに育てあげ、アテネ・北京オリンピック2大会銅メダル獲得。「氣合だー！」の応援が有名。武蔵野学院大学日本総合研究所客員教授も務める。

元プロレスラー

アニマル浜口

私は40歳でプロレスを引退。そして浅草にトレーニングジムをオープン致しました。昭和62年（1987年）、その中にプロレスラー育成のレスリング道場を創設。指導者への道を歩むことになりました。
その頃でした。書物を通して、森信三先生とご縁が出来たのは。
「自分の一生の志を立てるのが根本」
書中にあるこの「志」という言葉が私の胸にすーっと入り込んで来ました。何か一つ目標を定め志を立てるなら気合が入って一点集中するものです。自分の体験・経験それプラス書物から学んだものをこの人生に活かす活学こそ肝要だと気づかされました。
あえて重複しますが、まだまだ人間的に未熟な私でも人と出会い、書物と出会って運命が変わる、変えられる、我を新たにすることが可能だと結論づけをしました。
森信三先生のひとことひとことに思いやりと優しさがあふれ、ページをめくるごとに前途洋々たる視界は無限に次から次へと扉が開かれ、いかなる困難をも乗り越え生き抜いていく勇気・感動、そして元気が沸いてきました。

世界のエリートはなぜ「美意識」を鍛えるのか？ －経営における「アート」と「サイエンス」－

山口 周 著
光文社新書

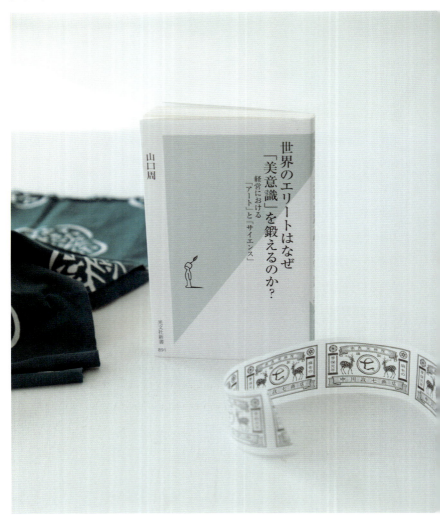

昭和49年生まれ。奈良県出身。京都大学法学部卒業後、平成14年家業の株式会社中川政七商店に入社。平成20年十三代社長に就任、「日本の工芸を元気にする！」ため経営コンサルティング事業を開始、長崎県波佐見町の陶磁器メーカーの新ブランド「HASAMI」をはじめ、全国の工芸メーカーをサポートする。著書に『小さな会社の生きる道。』ほか。

株式会社中川政七商店 代表取締役社長

十三代　中川　政七

企業経営は歴史的に「クラフト」から「サイエンス」へと進化してきました。クラフトとは経験に基づくアプローチ。サイエンスとは論理的理性的アプローチ。

しかしここにきて、それだけでは企業は勝てなくなっています。そこで注目されているのが「アート」。アートとはつまり直感的感性的アプローチのこと。しかしながら直感や感性という「言葉で理由を説明できないもの」は、株式会社という取締役が説明責任を負う形態では排除されがちです。しかし、本著ではクラフト・サイエンス・アートのバランスをとることこそが株式会社であっても重要であると説いています。

そしてこれは何も企業経営に限った話ではなく、人生においても同じことが言えると思います。

では人生における「アート」とは何なのか？ それはまさに個人の価値観だと思います。善悪や正誤では決めることの出来ない物事をどうとらえるか？ 前例や周りの意見に左右されず自分の頭で考えて自分なりの答えを出してそれを信じて行動に移せる。それが人生におけるアートなのではないでしょうか。

近代法の常識

伊藤 正己 著
有信堂

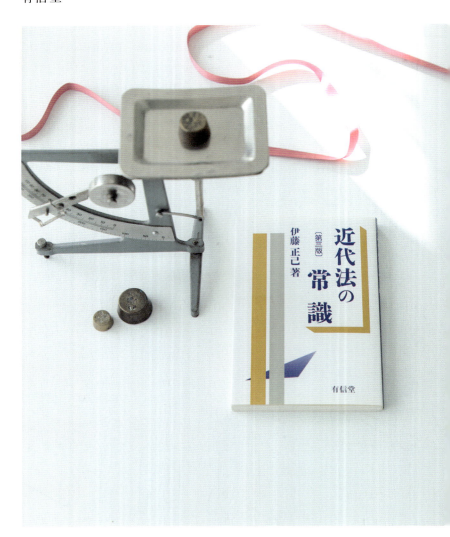

昭和29年生まれ。昭和53年上智大学法学部卒業、昭和59年上智大学大学院法学研究科博士後期課程単位修得。平成17年國學院大學法学部教授に就任。専門は民法とりわけ親族法、相続法。日本家族＜社会と法＞学会理事も務める。平成29年より現職。

國學院大學法学部長・教授

門広　乃里子

人との出会いと同じように、本との出会いも様々で、それぞれに味わい深い。これから大人になる君のためにどの1冊を選ぶべきか、少し悩んでこれにした。

著者は、東大法学部教授を経て、最高裁判所判事となられた方。本書は、昭和35年4月から6月にかけての13回にわたるＮＨＫの放送をほとんどそのまま活字にしたもので、一般市民向けに、平易な語り口で近代法を説く好著である。昭和35年に刊行されて以来版を重ね、今日に至っている。大学院時代、某大学の兼任講師として法学入門の講義をすることになったとき、恩師から教科書として推薦された図書で、私にとって、デビューを飾る記念碑的図書である。同時にまた、今なお、初学者に対し「法とは何か」を平易に語ろうとするとき、この一冊に戻っていく。比較的最近の改正が反映されていないなど読み方に注意は必要であるが、西洋法制史の久保正幡先生が訳されたＨ・コーイング著『近代法への歩み—ドイツ法史を中心にして』（東京大学出版会、初版は昭和44年）を合わせ読めば、キメラのごとく異なる遺伝子を共存させる日本法の「もうひとつの」源流がみえてくる。

49

神なるオオカミ

姜戎 著
講談社

昭和60年生まれ。モンゴル国ウランバートル市出身。本名はムンフバト・ダヴァジャルガル。平成12年に来日、宮城野部屋に入門。平成16年に新入幕し初三賞に輝くと、同年に朝青龍を下し、初金星を獲得。平成18年に大関、平成19年には第69代横綱に昇進。幕内最高優勝40回ほか数々の記録で歴代1位の記録を打ち立て、「平成の大横綱」と呼ばれる。

横綱

白鵬　翔

2011年3月11日の東日本大震災の後にこの本と出会いました。人間と自然とは深くつながっていますが、偉大な自然の力と比べて人間の力はささやかなものであることを、大震災の地を訪れてあらためて感じました。人間は自然を大切にし、守らなければいけません。自然にはバランスがとても大事です。たとえば、100年前にオオカミは絶滅しました。一方、18年前に18万頭いた鹿は現在60万頭まで増えています。全ては天から与えられているものであり、人間の勝手でそのバランスを崩してはいけないと思います。

『神なるオオカミ』という本には、大草原に住む人々とオオカミの共存について書かれています。文化大革命の時に、モンゴルの草原に送り込まれた経験を持つ著者が、草原に生きる遊牧民の暮らしとオオカミの悲劇とから、現代の文明について考えさせられました。

作者は中国人で、世界でベストセラーになり、映画もつくられました。

多くの若者は日本にたくさんある大自然にふれるチャンスに恵まれています。その大自然の大切さとバランスを知るためにも、上下二巻で千ページをこえる厚い本ですが、この本を薦め、自然と人間の絆を深く感じることを願っています。

新史太閤記

司馬 遼太郎 著
新潮文庫

昭和25年生まれ。東京都出身。國學院大學経済学部卒業後、昭和49年株式会社伊藤園に入社。千葉管理区部長、商品部部長を経て、平成19年にシアトル生まれのタリーズコーヒーが伊藤園のグループ企業となったのを機にタリーズコーヒージャパン株式会社取締役営業本部長に就任。その後、同社常務取締役、専務取締役を歴任し、平成28年より現職。

タリーズコーヒージャパン株式会社
代表取締役社長

岩古　良春

鳴かぬなら殺してしまえホトトギス（織田信長）

鳴かぬなら鳴かせてみせようホトトギス（豊臣秀吉）

鳴かぬなら鳴くまで待とうホトトギス（徳川家康）

人事管理に絶対的な自信が秀吉にはあるのだろう。

この本は、豊臣秀吉が金もコネも無い貧しい農民の子でありながら、武士になり天下統一を成し遂げる様を描いた秀吉一代記です。

私は伊藤園に新入社員として入社した時に会社から必読書として吉川英治の『新書太閤記』を薦められました。しかしながら、私自身、実は本を読むことが得意ではなく実務書一辺倒であったため、11巻ある必読書を読むことに気が進みませんでした。そこで、同じテーマを取り上げていて上下2巻で済むこの本を選んで代わりに読みました。

偶然選んだ本でしたし、正直、読み終えた当初の感想は特にありませんでしたが、これまで伊藤園に40年在籍して、色々なものを見て体験し、様々なポジションを経験した今だからこそ、この本を推薦したいです。商人として、組織人として、必要な考え方をこの本で読むことが出来ると感じています。

騙されてたまるか －調査報道の裏側－

清水 潔 著

新潮新書

昭和53年生まれ。東京都町田市出身。國學院大學文学部卒業後、平成15年日本テレビ放送網入社。アナウンサーとしてサッカー、レスリング、モータースポーツなどの実況中継を担当し、平成22年から「NEWS ZERO」キャスターを務める。現在は報道局政治部で国会記者クラブ勤務。

日本テレビ　記者

右松　健太

「知ってしまったらほおっておけない。」
自分の目で見て、耳で聞いて正しいと思ったことだけを伝える。
これがジャーナリストとしての矜持である。
しかし日々、国内外から濁流のように押し寄せ、目の前をあっという間に過ぎてゆくニュースは、それらをすくい上げ、ふと立ち止まって考える時間を失わせる。
事件、事故、災害。ある日突然、日常を奪われた人の癒えることがない悲しみや憤りに、ニュースは寄り添えているか。かき消されそうな小さな声に耳を傾けていられているか。
著者に日本テレビ報道局の記者、清水潔。「調査報道」のスペシャリストとして1999年の桶川ストーカー事件では警察によって歪められた真実を明らかにし、北関東連続幼女誘拐事件で無期懲役が確定した男性の冤罪をスクープした。
私はアナウンサーとして、そして記者として日々、様々なニュースに向き合い現場に立ってきた。
「おかしいものは、おかしい。」
著者の質素で熱を帯びたことばが現場へ踏み込む原動力となる。

55

昭和文学全集

谷崎 潤一郎 ほか著
角川書店

昭和17年生まれ。東京都出身。東京外国語大学英米科卒業後、昭和41年文藝春秋入社。『週刊文春』『マルコポーロ』『uno!』『編集会議』などの編集長を歴任。平成28年より『Hanada』編集長。夕刊フジ、産経新聞などの連載のほか、週一回「週刊誌欠席裁判」「右向け右」配信中。近著に『「週刊文春」と「週刊新潮」闘うメディアの全内幕』(共著)。

雑誌編集者

花田 紀凱

昭和27年、角川書店から戦後初めての文学全集が発刊された。全60巻、全巻予約すると書棚が貰えた。今、考えると組み立て式の粗末な書棚だったが、狭い社宅の居間で燦然と輝いていた。

2年後、昭和29年の暮れ、母が33歳で死んだ。ぼくは小学6年。寂しかったのであろう。中学の3年間、ぼくはその『昭和文学全集』を読みまくった。あれほど素直に小説にのめり込んだことは以来なかったような気がする。砂に水がしみ込むように、ぼくの心を癒してくれた。

尾崎士郎の『人生劇場』、尾崎一雄の『暢気眼鏡』、志賀直哉、檀一雄、田中英光、漱石、鴎外、荷風、そして後の人生でいちばん好きな作家となった谷崎潤一郎……。

どの出版社のものでもいい。まず、日本文学、世界文学の全集を読んでほしい。神保町の古本屋で今なら全数十巻が数千円で買える。

まず文学全集で、広く、浅く読み、そこで気に入った作家と出会ったら、その作家の個人全集に進むといい。「人生の書」に出会えるのは学生時代しかない!

ほんとはこの齢になっても、そんな出会いはあるんですが。ぼくの場合で言うと平川祐弘さんの著作。

考え方

稲盛 和夫　著

大和書房

昭和49年生まれ。東京都出身。國學院大學久我山高等学校、國學院大學経済学部卒業後、平成10年株式会社銀座ルノアールに入社。同社運営の「NEW YORKER'S Cafe」店長、開店担当、スーパーバイザー、第二営業部長などの経験を重ね、平成24年取締役、平成27年代表取締役社長に就任。

株式会社銀座ルノアール　代表取締役社長

小宮山　誠

私は心の師の一人として尊敬している稲森和夫氏の『考え方』を推薦したいと思います。この本の中で稲森氏は自らの経験をベースにした考えを、自らの言葉を用いて説いており、味わい深く心に響きます。

お薦めのフレーズは「人生・仕事の結果＝考え方×熱意×能力」です。どんなに熱意や能力が高い人でも、考え方がマイナスでは良い人生や仕事をすることが出来ないと説いております。私が代表を務めている銀座ルノアールではこの考えを参考にして、幹部の心得のひとつとして取り入れているほどです。

私自身もこの本から様々な事を学び、人生や仕事が豊かなものになるよう日々精進しております。この先も大きな壁に直面した時など自らの考えを整理するためにも、何度でも読み返していきたいと考えております。

今回紹介した『考え方』は、成功者である稲盛氏の価値観を読みやすくまとめあげていると思います。この先社会人となっていく皆さんにとって、大いに参考になると確信しております。是非この本を読みながら、生きることや働くことについて考えていただき、心を磨き、心豊かな人生を送ってほしいと願っております。

影響力の武器 −なぜ、人は動かされるのか−

ロバート・B・チャルディーニ 著

誠信書房

昭和40年生まれ。神奈川県出身。武蔵工業大学卒業後、昭和62年株式会社リクルート入社。マーケティングや経営企画などを経て、数多くの事業を立ち上げる。平成12年株式会社リクルート・アバウトドットコム・ジャパン(現オールアバウト)を設立。「情報流・商流・製造流」にイノベーションを起こし、「個人を豊かに、社会を元気に」を目指す。

株式会社オールアバウト　代表取締役社長

江幡　哲也

心理学の教科書とも言える名著。

心理学というものは全ての事柄に通じると思っています。個人としての幸せな人生設計はもちろん、社会人としてあらゆるビジネスを円滑に進める上でも共通で必要なリテラシーといえるでしょう。社会が成熟するにつれ、その流れは強まっていきます。

今後、AIやロボットなどテクノロジーが進化し、産業構造も変化する中、不変的な「人間性」の部分が、様々なシーンで重要視されることは予想されます。そうなった時、人間の心理を分かっているかいないかで大きな差がつきます。

例えば、企業視点でいうとお客様が何をどう考えているのか？ 社長の場合は従業員を、政治家は国民を、そして親の場合は子供を……など。相手の心理を捉えることの重要性は誰にでもあるのです。

この本はタイトルにもある通り、「なぜ、人は動かされるのか」を解き明かす、ある意味恐ろしい本でもあります。使い方を間違えると非常に危険なのですが、現在、意中の相手がいる人には必見かと思います(笑)。私は24歳のときに知人の経営者に勧められて読みましたが、それから版を重ね、事例も増え、初版よりもさらに読み応えが増しています。

エミール

ジャン＝ジャック・ルソー 著

岩波文庫

昭和26年生まれ。東京都出身。早稲田大学教育学部卒業後、昭和50年日本中央競馬会入会。総合企画室調査役、ニューヨーク駐在員事務所長、国際部国際企画課長、ファンサービス事業部次長、総合企画部長等を歴任。平成18年に日本中央競馬会理事、平成23年に常務理事、平成26年に理事長となり現在に至る。

日本中央競馬会 理事長

後藤　正幸

学生時代、夜を徹して何度も何度もこの本を読み返した。

人間が時間を紡いで社会を構成して行く中で、どのように人間を教え育んでいくのか。その理想とする形は如何なるものなのか。

何れ必ず生を受けた人間は、教えられ育まれる立場から、教え育む側へと立場を換える事になる。しかし、恐らく教えられ育まれた人間は教えた育んだ人間の影響をどのような形であれ、受けることになるのであろう。

何時か自分がそうした過程を辿るときに、少しは真面目に物事を考えておきたかった。そんな気持ちがきっかけで読んだのが『エミール』だった。

それから45年が過ぎて、今ではその内容も凡そ記憶からは消えてしまった。

だが、物事を考える習慣は残ったように思う。

最近は老眼が進み、白内障を患っていたことも口実に読書習慣が極端に減少した。それに伴い、物事を考える機会が減少すると思いきや、現実的な事象つまり現実と直面することによる思考の機会ばかりになってしまったようにも思う。

しかし、物事を考えるきっかけを作れたことは良かったと思っている。

時間の余裕のあるうちに、健康でいられるうちに、機会があったら読書に耽るのも良い人生の過ごし方だと思う。

風姿花伝

世阿弥　著
岩波文庫

昭和36年生まれ。奈良県出身。國學院大學法学部卒業。シテ方金春流能楽師。重要無形文化財総合指定保持者。昭和46年に能「安宅」の子方にて初舞台。昭和55年に能楽養成会入会。昭和57年に能「経政」にて初シテ(主役)。多方面への能楽普及に尽力しており、昭和63年には「座・SQUARE」を結成して、国内外で高く評価を受けている。

能楽師

髙橋　忍

私は能の役者、つまり能楽師です。最近はただ能を演じるだけでなく、能楽普及のためお能の話をさせていただく機会が大変増えてきました。その折に毎回読み返すのが、この本です。最近はその書かれた年代が違うことや、内容から「花伝」と呼ばれているようですが、本書は以前から親しまれている「風姿花伝」として出版されています。読む度ごとに新しい発見があるから不思議な本です。世阿弥が書き記した本ですが、実際は、父観阿弥の教えを世阿弥がまとめたものです。能楽師のバイブルと呼ばれていますが、現代社会に生きる私たちにも充分通じる内容です。稽古方法はもちろんですが、トップに立つ者の心得や、その場の雰囲気や、場面、いわゆるTPOを如何に瞬時に把握するか、といった内容が盛り込まれています。世阿弥は21もの著述を残しています。先ずはこの本から読み始めて、「花鏡」まで読んでみると、より理解が深まると思います。他の出版社からもたくさんの現代語訳の本も出版されているので是非一度読んで頂けたらと思います。そうすれば、次の世阿弥の遺した言葉の意味に、心を打たれることでしょう。

初心忘るべからず。

歴史という武器

山内 昌之 著
文藝春秋

島根県出身。昭和26年新宿にスタジオ設立、昭和40年ニューヨークで初の海外コレクションを発表。昭和52年からパリ・オートクチュール組合に属する唯一の東洋人として活動。オペラやバレエ、創作能、新作歌舞伎など舞台衣裳も手がける。現在、水戸市芸術振興財団理事長、彫刻の森美術館館長。文化勲章、レジオン・ドヌール勲章オフィシエ他受賞。

デザイナー

森　　英　恵

私は長い間、前ばかりを見て走ってきました。いつも、世界で起きていることに関心を持ち、人々の暮らしはどうなるかを考える。だから、読む本も、現代という時代の空気を反映した話題のものになります。

自分の作品を携えて世界のいろいろな国を訪れる度に感じたのは、歴史の勉強をもっとしていれば、国や地域、民族などの背景もわかり、その国の人々と深く理解しあえたのではないかと。でも、新しいものを創り出すことに追われ、"歴史に弱い"というのは、私の気がかりでした。

山内昌之先生は、文化について幅広い知識と教養に裏打ちされたエレガントな歴史学者です。

『歴史という武器』は、「細かい歴史知識の有無でなく、現代の事象を歴史的に思考する習慣をもつことが大事なのだ」と、歴史の大切さを教えられた一冊です。政治、経済、外交など現代の問題に目が開ける感じで読みました。

自由な時間がたくさんある学生時代に、歴史の本に向き合ってほしい。どんな分野を専攻しても、地球規模の時代に語学は必須ですが、歴史と地理の視角を身につけると、将来の活動に奥ゆきが出ると思います。歴史は人間がつくるもの。「歴史という武器」を手がかりに未来をみつめ、羽ばたいてください。

長安の春

石田 幹之助 著
平凡社

昭和25年生まれ。神奈川県出身。早稲田大学卒業後、國學院大學大学院で漢文学を専攻。昭和60年國學院大學専任講師、昭和63年助教授、平成8年教授。平成15年に博士号（文学）取得。教務部長、副学長などを経て、平成23年より現職。専門分野は、中国古典文学（特に唐代）、中国古典語法。著書に『中唐文人之文芸及其世界』『中国山水詩の景観』ほか。

國學院大學　学長・教授

赤井　益久

タイムマシンに乗った。目指す場所は、中国。七世紀から十世紀。人口約八十万、当時の世界最大の都市、「長安」だ。そう、唐王朝の首都である。空から見ると、南側に秦嶺山脈があり、渭水が流れる。碁盤の目のように整然と区切られた町並み、中央アジアや東アジアの人々が地元の人々に混じって賑やかに行き交う。皇城を出て朱雀門を南に向かうと外郭城の出口である明徳門に至る。その手前三つ目の開明坊を東に折れると、間もなく七層の瀟洒な大雁塔があたりを圧して目に入る。杜甫や李白が昇った塔である。

街の中を歩いてみると、雑多なエネルギー、食べ物のにおい、川沿いの柳の緑、満開の桃の花。向こうから従者を連れた書生が馬でやってくる。受験勉強の疲れを癒しに来たのか、酒屋の女性に問いかける声が聞こえてくる。

タイムマシンはないのだが、読書はそれに勝る経験をさせてくれる。

著者に、國學院大學の史学科の教授。和服で教壇に立った。専門の東洋史にまつわる書物だが、何よりのお勧めは、書かれている日本語の美しさだ。内容の斬新さ、的確で読む者に伝わる要を得た文体、読めばよむほど味わいのある文章、簡潔で的を射た表現、どれをとっても心洗われる感じがする。

読書に喜びである。

ながい坂

山本 周五郎 著
新潮文庫

昭和36年生まれ。広島県出身。マサチューセッツ工科大学経営大学院修了。昭和60年早稲田大学商学部卒業後、入行。平成24年みずほフィナンシャルグループ執行役員IR部長、平成26年みずほフィナンシャルグループ常務執行役員企画グループ長を経て、平成29年みずほ銀行取締役頭取に就任。

株式会社みずほ銀行　取締役頭取

藤原　弘治

本書『ながい坂』は、下層武士の家に生まれた主人公が最後は殿様に次ぐ城代家老まで登り詰める出世物語ですが、切なく熱い青春物語でもあります。主人公は、生立ちから多くの困難に耐えながら、厳しい鍛錬に裏打ちされた確固たる自信と正義感を胸に、謂わば「健全な上昇志向」でもって人生という長い坂を登り続けます。私が読書する際は、あらすじの理解に留まらず、物語の主人公に自分を重ね合わせ、時に対比させながら人生観を磨くことを常に意識しています。また、仮に自分が作者ならばどのように物語を展開させるか、著者と対話しながら読み進めます。この読書法が、状況を把握する力、展開を予想する力、そして発想力や創造力を磨き、結果として決断力の鍛錬に繋がっていると確信しています。学生時代にふれた本書は、私の人生のモットーである「No Challenge, No Life（挑戦なき人生は歩まない）」の第一歩であったかもしれません。

若者の皆さん、皆さんには無限の未来が拡がっています。皆さんが今後も大いに学び、そして仲間となる多様な人々と大いに語り合い、グローバルに活躍できる、高い専門性と豊かな人間性を身に付けてくださることを期待しています。そして、皆さんと共に日本の未来をより良い社会へしていくことに挑んでいけることを楽しみにして、皆さんへのメッセージとさせていただきます。

山月記・名人伝

中島 敦 著
ちくま文庫

©三部正博

昭和51年生まれ。愛媛県出身。神戸大学卒業。少年期より茶道を学び、平成9年に芳心会を設立。京都・東京で稽古場を主宰しつつ、茶の湯を軸に執筆活動や各種媒体、展覧会などの監修も手がけ、多角的に茶道の理解と普及に努めている。工芸美術誌『工芸青花』編集委員。日本ペンクラブ会員。著書に『一日一菓』『茶の湯デザイン』など。

茶道家

木村　宗慎

授業中、教科書で読んだ物語に感動できる人は幸せです。

不真面目な学生だった私には、なかなかそんな機会は訪れませんでしたが、ふとした拍子に改めて出会う古今の名著は、実に新鮮な感動を与えてくれます。あれほど無味乾燥と感じられていた文章が、生き生きと訴えかけてくる驚き。本や物語との関係に必要なのは、自分自身の向き合い方、姿勢なのだと気づいたのは社会に出て随分たってからのことでした。

年齢やときどきの状況、立場によって心の琴線にふれる書物が移ろうこと、また、一度読んだはずの文章への解釈が変わることは、とても愉快な出来事です。

高校生の頃の私には、もやもやした感想しか残さなかった、ひらたく言えばよくわからなかった物語なのに、今、とてもリアルに感じられる作品のひとつが中島敦の『山月記』と『名人伝』。

違う作品ですが、これは是非あわせて読んでもらいたい。

なぜなら、方向性と結果が違うだけで、二つの物語は表裏、主人公の奥底に横たわる「根」は同じだからです。

臆病な自尊心と尊大な羞恥心。

自分の中にある獣を飼いならせば名人に。でなければ虎に。

何もかもかなぐり捨てて、一心不乱に物事に打ち込む「狂」。

学生の頃に一度は出会っていてほしい物語です。

野村克也の「菜根譚」

野村 克也 著
宝島社

平成3年生まれ。長崎県出身。平成26年國學院大學人間開発学部卒業後、JR東日本に入社。大学1年生で走った第87回箱根駅伝10区にて、11位でスタートした順位を8位まで上げるも、ゴール120m手前でコースを間違え11位に後退。猛追の末、3秒差で10位に入った。國學院大學初のシード権獲得に貢献し、箱根駅伝史に残る名場面となった。

陸上選手

寺田　夏生

この本は私がJR東日本に入社する際、仲の良かった方から社会人として、人間として必要な心構えが載っている本だから読んでおきなさいと頂いたものです。この本はプロ野球で活躍された野村克也さんが中国古典の一つである「菜根譚」の名言を自身の人生観・野球観を添えて解説されているものです。

人としての生き方、考え方、日常生活の送り方、品格の磨き方、人間関係の築き方、ものの見方、人の見方で108条もの教訓が紹介されていて、どこかで聞いたことがあるような言葉や心構えが多く載っています。

実際に読んでみて、新しい発見をするというよりもやっぱり大事なことなんだなと改めて再認識させられる内容であり、社会人になる前に気が引き締まった思いになりました。今でも時々、読み返すことによって、現在の自分は謙虚にして驕らずに生きていけているか確認しています。

学生や若い人にも「菜根譚」を読んでいただいて、自分自身と向き合ってみてはいかがでしょうか。

大学での4年間などは自由に自分がやりたいことに熱中することができる貴重な時間です。悔いを残さないように一日一日を大切に過ごしてもらいたいと思います。そして、人との出会いを大切にして、多くの友人を作っていただきたいです。

ＭＡＤＥ　ＩＮ　ＪＡＰＡＮ　－わが体験的国際戦略－

盛田 昭夫　著
朝日新聞社

昭和31年生まれ。東京都出身。昭和54年三菱銀行（現・三菱ＵＦＪ銀行）入行。国内４拠点、海外２拠点の営業現場を経験した後、総合企画室長、システム統合推進部長などを経て、平成21年常務執行役員、平成25年専務執行役員、平成28年副頭取に就任。平成29年より現職。慶応義塾大学経済学部卒。ペンシルバニア大学ウォートン校修了。

株式会社三菱ＵＦＪ銀行　頭取

三毛　兼承

ソニーの創業者の一人、盛田昭夫氏の著書、『ＭＡＤＥ　ＩＮ　ＪＡＰＡＮ』を推薦します。今から約30年前、1986年に出版され、世界30ヵ国で読まれたベストセラーです。当時の日本は、高度経済成長を成し遂げ、頗る元気でしたが、円安による価格競争力に支えられていた側面があり、日本企業のグローバル化は、まだまだ道半ばの状況でした。盛田氏は、それより更に30年も遡る、1950年代に、米国に乗り込み、自社製品に対するプライドと愛情、日本人としての誇りを胸に、マーケットを開拓したパイオニアです。丁度私が米国に留学した年に本書は出版され、一人の日本人留学生として本書を手にしましたが、盛田氏が、物資も乏しい終戦直後に、ソニーを立ち上げ、日本起点でグローバルに成長を遂げて行くストーリーに胸を躍らせたことを、今でも覚えています。自ら可能性を切り開き、世界へ羽ばたいて行く皆さんに、是非本書をお勧めしたいと思います。

学生時代は、自分自身と徹底的に向き合うことのできる貴重な時間です。今回、私は、留学時代に出会った一冊を紹介させて頂きました。若者の皆さんには、様々な本と出会い、学び、成長され、国際社会の将来をまさに担っていく人材として、社会へ巣立って行かれることを期待しています。

今年竹

里見 弴 著
岩波文庫

昭和36年生まれ。熊本県出身。國學院大學文学部卒業後、新橋演舞場株式会社に入社。企画室長として、劇場創設の母体である新橋花柳界主催「東をどり」の制作に携わり、花柳界の実態を学ぶ。退職後、平成18年に『芸者論・神々に扮することを忘れた日本人』で第20回和辻哲郎文化賞を受賞。梅原猛氏、平岩弓枝氏の推薦により日本文藝家協会に入会。

作家

岩下　尚史

　因果なことには先代の水谷八重子に魅入られたものだから、中学に上る頃には、当時としても時勢後れの新派劇に泥むようになった。受験の準備とか何とか、親には出放題を並べては上京し、独りで新橋演舞場や国立劇場の木戸を潜ったことを思えば不孝には違いない。しかし、進学に関する情報の少ない田舎町で憂慮に堪える少年にとっては、劇場の客席から名人上手に会うことが、明日への奮発の心を育てた。と言うのも、芸というものは技術ではなく、善くも悪くも人格そのものであるから、芸苑の名流の舞台に接すると、そこに到るまでの修行の厳しさを感じ、その秀れた魂が私の身に入ってくるような気がしたから。そうした体験は、おのずから読書にも影響を及ぼしたようである。

　紅葉、鏡花、荷風、万太郎など、新派の芝居の原作となることの多い小説を読むうち、高校二年の夏休みに『今年竹』と出逢い、その息もつかせない面白さに熱中した。今にして思えば、定評のある文章の妙だけではなく、里見弴という文学者の真心が少年の魂を息づかせたわけであろう。今でも世の中があさましいものになったような気がする時には、清らかな若水を汲むつもりで読み返す。

　私にとっての読書は作者の人格を我が身に移すことであり、単なる知識を仕入れるためのものではないのである。

嵐が丘

エミリー・ブロンテ　著

光文社古典新訳文庫

昭和53年生まれ。福岡県出身。國學院大學文学部卒業後、平成16年に会社員をしながら書いた『人のセックスを笑うな』が第41回文藝賞を受賞、芥川賞候補にノミネートされる。その後『カツラ美容室別室』などで芥川賞候補に5作、野間文芸新人賞候補に4作、三島由紀夫賞候補に1作。平成29年『美しい距離』で第23回島清恋愛文学賞を受賞。

作家

山崎　ナオコーラ

みなさんは、恋愛ってどうですか？
バリバリしている方もいると思いますが、経験したことがないという方も多いのではないでしょうか？
どっちでもいいです。恋愛小説は、恋愛を経験していなくても理解できます。
大恋愛を描いた小説『嵐が丘』ですが、作者のエミリー・ブロンテは30歳で亡くなっていて、その生涯の中でおそらく恋愛はしていないのではないかと推測されています。
文学を書いたり読んだりするときに、経験の有無は関係ありません。現実はどうでもいいのです。人間に興味がありさえすれば、自分の生活から遠いことでも、不思議と理解ができます。
現実の人生というのは、つらかったり、退屈だったりします。嫌なものです。しかし、書店へ行くと面白い人生を送る登場人物たちがたくさんいます。悩みがあるときには、その悩みにガッツリと向かい合うよりも、逃避して別の世界を持った方が上手く解決することも多いです。書店へ行ってみてはどうでしょう？
複雑な構造で長い時間を描いた『嵐が丘』は現代小説の礎とも言われています。しかし、その評価はエミリーが死んだあとになされたので、エミリーの人生に派手なものは一切ありませんでした。かなり引っ込み思案で、家にこもりがちだったみたいです。でも、頭の中の世界は、とても広かったのです。

探検家、36歳の憂鬱

角幡 唯介 著
文藝春秋

昭和19年生まれ。横浜市出身。昭和46年ロンドンで日本人初のファッションショーを開催し、平成4年までパリ・ニューヨーク・東京コレクションに参加。平成5年以降ライブイベントプロデューサーとして世界中でKANSAI SUPER SHOWや日本元気プロジェクトを開催。平成20年G8洞爺湖サミットプロデュース、京成スカイライナーデザイン、平成28年より山鹿灯籠まつりアドバイザーなど。

デザイナー・プロデューサー

山本　寛斎

　ここ最近の私の支出を調べると、書籍代が最も多く、次に医療費、そしておいしいもの、という順であった。東京から名古屋に移動する新幹線の中で一冊読み、帰りの名古屋でまた新しい本を買うこともよくある。そのくらい本には親しんでいる。
　今回紹介するこの本は探検家の角幡唯介氏によるエッセイである。
　彼は探検家として何冊かの本を書いているが、年代別の心境の変化のようなものが感じられ興味深い。近いうちに新作が出るようなので、読んでみたいと思っている。
　本から得られることは数知れないが、今でも私が世界で活動することができるのは、分野は違えど、この本の著者のように、過酷な環境に身を投じ、生きること死ぬことに真正面から挑んでいる人がいるからだと考えている。
　元気がないとき、疲れたとき、自分より大変な思いをしている人がいることを本を通して教えられ、それが自分を鼓舞する原動力となってきた。読書はまったく知らない他人の生き方を知ることができる貴重な手段である。それをどう自分の人生に取り入れるかは自分次第。
　若いうちに多くの本に触れることは意義のあることだ。しかし、何より、若い人たちが多くの本に触れたいと思う環境は、私たち大人が作っていくものであると考えている。

馬上少年過ぐ

司馬 遼太郎 著

新潮文庫

昭和20年生まれ。兵庫県明石市出身。昭和42年國學院大學経済学部卒業後、ドラフト1位で大洋ホエールズ(現・横浜DeNAベイスターズ)入団。昭和54年から大洋ホエールズ、ヤクルトスワローズ、横浜ベイスターズ、ヤクルトスワローズ、横浜ベイスターズ、読売巨人軍、千葉ロッテマリーンズを経て、平成28年より読売巨人軍コーチ。

読売巨人軍 コーチ

小谷　正勝

大学を卒業してプロ野球界に入った。この世界では地方球場への遠征も多く、移動中は戦国武将に纏わる本を読み漁った。何故なら日本人であるならば日本の歴史や過去の文化、人の考え方の変遷をきちんと押さえておくべきだと感じたからだ。もうひとつは、野球の作戦や相手の攻略を考える際に大いに参考になるからだ。

特に伊達政宗の考え方や行動には大いに影響された。短い限られた時間で情報を集め、緻密な戦略を練り、全ての責任を背負いながら次々と決断を下していく。時には非情に。時には義理人情に厚く。そんな武将も「自分一人では生きられない」ということを十分に知っていた。「恩返し」の気持ちも大事にしていた。常に世の中や自身の置かれている状況を俯瞰的にみることが長けた人間である。そのどれもが私の野球人生、いや人生を送る上での道しるべをしてくれたと今は感じている。

これから社会に出て行く若者も、これまでにない苦境に立たされる事も多いかもしれない。そんな時には政宗のように、冷静沈着に状況を把握し、様々な問題に対して常に前向きに、スピード感を持って行動してほしいと思う。心のタフさを常に失わないでほしい。最後に周りの人々への感謝の心も大切にして。

ワセダ三畳青春記

高野 秀行 著
集英社文庫

昭和52年生まれ。宮城県出身。國學院大學大学院修了後、出版社勤務を経て独立。フリーのジャーナリストとして日本の裏社会や海外危険地帯の取材を重ね「犯罪ジャーナリスト」と名乗る。ビジネス、国際政治、言論など多方面の企画や、書籍編集も手がける編集者としての実績もあり、トークイベントやテレビ、ラジオなどメディア露出も多い。

ジャーナリスト　旅行作家

丸山　ゴンザレス

本書が素晴らしいのは著名なノンフィクション作家となった高野秀行氏の日常を描いている点である。世界を飛び回り辺境やUMAを探して歩く派手なA面ではなく、日本にいる時の高野氏のB面を早稲田にある野々村荘を中心に展開するところにどうしようもない魅力を感じるのだ。それも学生時代からアパートを出るまでの11年間。よくぞそれほどの期間住み続けたなと思う。その過程で徐々に作家らしくなっていく高野さんの成長も楽しく、私にとって青春を詰め込んだ宝物のような本でもある。幸運にも私は共通の知人である編集者を介して高野さんにその思いを伝える機会をえることができた。ご本人は恥ずかしそうにされていたが、当時のことなどを直接聞かせてくれた。おかげで、私が思い描いていたこの本への幻想が間違いないものであることを確信できた。この本は冒険譚ではないものの、それでもグイグイと引き込まれること間違い無しの傑作であると自信をもって推薦したい。

大学を卒業すると日々の忙しさから青春時代を忘れてしまうことがある。それでも大学時代を思い出したくなる瞬間がある。そんな時に思い出のフックになる一冊というのがあると、鮮やかな記憶をよみがえらせてくれることだろう。誰にも当てはまらないようで、誰にでも当てはまる青春時代。そんな手助けになる一冊にしてもらえたら幸いである。

カラマーゾフの兄弟

フョードル・ドストエフスキー 著

新潮文庫

昭和33年生まれ。広島県出身。京都大学法学部卒業後、昭和57年住友銀行（現・三井住友銀行）入行。通算11年半の米国勤務を経て、平成21年執行役員国際統括部長、平成22年執行役員経営企画部長、平成24年常務執行役員米州本部長、平成26年専務執行役員、平成28年取締役兼専務執行役員などを歴任し、現職。

株式会社三井住友銀行　頭取　CEO

髙島　誠

多読、乱読の大学時代にこの小説に出会い、頭を殴られたような衝撃を受けたことを今でも覚えている。

19世紀のロシア社会に根を下ろしていたキリスト教がタブーとする「父親殺し」を主題として物語は進行する。随所に、個人と家族、社会と宗教といったテーマに関する哲学的洞察が散りばめられ、カラマーゾフ家の3人兄弟が織りなす悲劇に底知れぬ深みを与えている。とりわけ、2番目の兄イワンが、末弟アリーシャに聞かせる自作の叙事詩「大審問官」は、息を継がせぬ程の迫力がある。その中に、大審問官が「人間と人間社会にとって、自由ほど堪えがたいものは、いまだかつて何一つなかった」、「パンさえ与えれば、人間はひれ伏すのだ」と述べる下りがある。「人間性」の闇に潜むものを語り尽くし、現代にも通じる普遍性を持つ物語だ。自我に目覚め人生や社会に関心を抱き始めた若者にこそ読んで欲しい。

意識的に読書を始めたのは、小学校高学年の頃です。当時は、専らミステリーを読み漁り、普段は遭遇できない怪事に小さな胸を躍らせていました。今回紹介した『カラマーゾフの兄弟』を初めて読んだのは、大学一年生の時。「超」の付く長編ですが、人生や家族、宗教と理性、混沌と聖なる世界等々、様々な面で考えさせられる名作です。学生時代にこそ、こうした古典の大作に挑戦して欲しいと思います。いつ読むの？　今でしょ！

逝きし世の面影

渡辺 京二 著
平凡社

昭和20年ベトナム生まれ。ハワイ大学卒業後、英字新聞の記者を経て、昭和55年から平成8年まで日本テレビ『NNNきょうの出来事』のメインキャスターを務める。平成5年度の日本女性放送者懇談会賞を受賞。平成19年に国家基本問題研究所を設立し、国防、外交、憲法、教育、経済など幅広いテーマに関して日本の長期戦略の構築に挑んでいる。

ジャーナリスト

櫻井　よしこ

大学生だった頃の自分を振りかえると、恥ずかしくなるほど日本について知らなかった。だからこそ若者の皆さんには日本という国とその文化文明について知ってほしいと思う。

『逝きし世の面影』は開国当時の日本人の姿を欧米人が書き残したものの集大成だ。どの章からでも興味の赴くままに頁をめくれば、かつての日本人の佇まいが、彼らが大切にした価値観と共に生き生きと蘇る。そしてきっとあなたも、これ程美しい心根を持った人々が私たちの祖先だった事実に気付かせてもらえて、感動するに違いない。石光真清の四部作、中公文庫の『城下の人』『曠野の花』『望郷の歌』『誰のために』は、このような日本人が存在したこと、またこのような人に支えられて日本は存続してきたということを教えてくれる。

長い年月、日本人は紛争や戦争とは無関係に過ごしてきた。その結果、平和も秩序も繁栄も、向こうから勝手に歩んできてくれるかのように思い始めた人たちがいる。本当はそうではないのである。

平和を守るために多くの人々が力の限りの努力をした。祖国を守るために無数の人々が命さえも犠牲にした。石光真清は軍人として実に数奇な運命を辿った。私はこの書に出会ったとき、祖国を守るためにこのような人生を生きた人がいたことに圧倒された。そして、ひたすら長い間、考え込んだ。今もその重い事実はずっしりと私の心に刻まれている。

古事記

西宮 一民　校注
新潮社

昭和32年生まれ。國學院大學大学院博士課程満期退学。神社新報社、神社本庁を経て平成8年より國學院大學文学部（現・神道文化学部）専任講師に就任、助教授を経て平成18年より教授。専門は神道史、国学史。主な著書に『維新期天皇祭祀の研究』、共著に『プレステップ神道学』ほか。平成27年より現職。

國學院大學 神道文化学部長・教授

武田　秀章

近年、『古事記』神話を見直そうという動きが、各方面で起こっています。その大きな理由は、益々進む国際化の只中で、「もう一度日本らしさの『根っこ』を見つめ直したい」という人々の思いが、愈々切実になってきたからではないでしょうか。欧米人がギリシャ神話や旧約聖書に親しんでいるのと同様に、私たち日本人も日本神話について熟知する必要があると思います。

いかにも『古事記』の物語は、まず何よりも面白い。天照大御神、須佐之男命、大国主神……、原初のいのちを受け継ぐ神々の物語は、底知れぬエネルギーと奔放なバイタリティに満ち溢れています。まずは『古事記』の破天荒なストーリー性の面白さを、素直に楽しむことからはじめてみてはいかがでしょうか。

「私には『古事記』があります。これから何があっても大丈夫です」。数年前、ある卒業生が、年賀状に記してくれたメッセージです。私は彼女に「日本人には『古事記』があります。何があっても大丈夫です」と返信しました。

そもそも『古事記』は、本居宣長によって千年に及ぶ忘却の淵からよみがえった「復活の書」です。わが国ならではのキラー・コンテンツ『古事記』が、若者の大切な心の糧、各々の人生を切り開くかけがえのない力の源泉となることを、心から念じて已みません。

宮沢賢治全集

宮沢 賢治 著
ちくま文庫

昭和23年生まれ。京都府出身。早稲田大学第一政治経済学部卒業、同大学院経済学研究科修士課程修了。昭和60年英オックスフォード大学博士号取得。早稲田大学政治経済学部教授、国際日本文化研究センター教授、静岡文化芸術大学学長を経て、平成21年より現職。著書に『文明の海洋史観』『「鎖国」と資本主義』ほか多数。

静岡県知事

川勝　平太

宮沢賢治は「雨ニモマケズ」の詩や『銀河鉄道の夜』『グスコーブドリの伝記』『よだかの星』などの童話で知られるが、本人の芸術的インスピレーションの源泉とみられるのは『法華経』である。賢治は物理学・化学・地学・農学にもクラシック音楽にも通じていた。その膨大な著作の中から一つ選ぶとすれば何か。同じように膨大な著作を残したマルクスの理想は短文に凝縮している。
「万国の労働者よ、団結せよ」（『共産党宣言』より）、「これまで哲学者は世界を様々に解釈してきたにすぎない、重要なのはそれを変えることである」（『フォイエルバッハに関するテーゼ』より）。賢治の理想を短文に凝縮したのが『農民芸術概論綱要』である。一部を紹介しよう。
「世界ぜんたいが幸福にならないうちは　個人の幸福はあり得ない。
自我の意識は　個人から集団社会宇宙と次第に進化する。
正しく強く生きるとは　銀河系を自らの中に意識して　これに応じて行くことである。
世界に対する大なる希願を　まず起せ。
なべての悩みをたきぎと燃やし　なべての心を心とせよ。
風とゆききし　雲からエネルギーをとれ。
まずもろともに　輝く宇宙の微塵となりて　無方の空にちらばろう。
われらに要るものは　銀河を包む透明な意志　巨きな力と熱である。」（抄）

ＮＡＳＡより宇宙に近い町工場

植松 努 著

ディスカバー・トゥエンティワン

昭和21年生まれ。北海道出身。道立滝川高校卒業後、自治大学校を修了し、昭和40年に滝川市役所へ入職。福祉事務所、教育委員会などを経て平成13年助役、平成15年に滝川市長に就任。平成23年まで市長を務めた。平成24年からは國學院大學北海道短期大学部学長に就任し現在に至る。

國學院大學北海道短期大学部　学長

田村　弘

1〜2時間で読める、夢と情熱がすごい、地方が活躍の舞台。この三つを私の推薦基準としました。

著者は中小企業の青年社長です。お父さんの会社を引き継いで全く新しい企業を父と子で築き上げました。本業はリサイクル用パワーショベルにつけるマグネットの開発・製作です。

人口1万人余りの小さな町で宇宙開発に挑戦しています。作っているのはロケット。誰もが小さな地方の町工場では不可能と思っていることを可能にしているのは、「夢」を持つということ。彼は問いかけています。「実現できそうな夢が本当の夢だろうか」と……。

一切の資金援助を受けない全額自腹で、社員とともに「僕たちのロケット」を作っているのです。使用目的は、2万個を超える宇宙ゴミ「デブリ」の掃除。このために、小型ロケットの開発とともに、既に無重力実験施設をつくり、人工衛星を開発し、それを観測する天文台を設置しました。売れ残った工業団地を買って、新しい価値観を持つ子供たちを育てる学校建設「アーク（弧）プロジェクト」の構想も進んでいます。

「明るい未来をつくりたい、諦めないで世界を変えたい」という若者には必読です。筆者の夢とパッション、体験に基づく珠玉の言葉が、君の感動を行動に変えてくれるでしょう。

あすなろ物語

井上 靖 著
新潮文庫

昭和26年生まれ。東京都出身。國學院大學文學部卒業後、平成２年『夜の道行』で小説推理新人賞を受賞。「第二の藤沢周平」と称賛される。人気シリーズに「おれは一万石」「湯屋のお助け人」「蕎麦売り平次郎人情帖」「入り婿商い帖」などがある。國學院大學兼任講師も務める。

作家

千野　隆司

　この小説は、井上靖の自伝的作品だといわれています。井上作品というと、『楼蘭』『敦煌』『蒼き狼』といった歴史小説の大作や、『氷壁』といった問題作がありますが、私はこの『あすなろ物語』が大好きで、何度も読み返しています。
　短編６篇の連作で成り立つ作品です。事情があって七歳のときに両親と離れて、伊豆の村で祖母と二人だけで過ごすことになった鮎太という十三歳の少年が主人公として物語はスタートします。一編ごとに、主人公は旧制の中学生になり高校生になり、そして大学を卒業して新聞記者になります。
　「あすなろ」とは高木の樹木で、木材として上質な檜に似ています。しかしこの木は、「明日は檜になろう」と思いながら、ついにはなれない悲しい木だとの説話が添えられていました。向上と発展を望みながら、夢は叶わないという宿命を背負っています。主人公は、何度も挫折します。怠惰な暮らしに、首までつかる日もありました。けれども「明日こそは」という気持ちを胸に潜めています。

　人生、思い通りにならないことの方が多いです。挫けてしまいそうになることもあります。私は自分の心の中に、弱い心が芽生えてきたときに、この作品を読みました。夢はあきらめない。人生は捨てたものではないのだと、『あすなろ物語』を読んで自分に言い聞かせてきました。一行一行が、詩のように美しい文章です。

夢を喜びに変える自超力

松田丈志・久世由美子　著

ディスカヴァー・トゥエンティワン

昭和53年生まれ。千葉県出身。市立船橋高校、駒澤大学で陸上競技部に所属。平成12年の第76回東京箱根間大学駅伝競走大会（箱根駅伝）で駒澤大学の主将として出場し、駒澤大学を初優勝に導く。卒業後は株式会社富士通に入社し、実業団選手として競技を続ける。國學院大學陸上競技部コーチを経て、平成21年に現職就任。

國學院大學　陸上競技部監督

前田　康弘

本書は、競泳元日本代表の松田丈志さん（オリンピック4大会連続出場4つのメダルを獲得）と、そのコーチで4歳から28年にわたり二人三脚で指導をつとめられた久世由美子さんとの共著です。松田さん（選手からの視点）と久世さん（指導者からの視点）両者の考えが交互に読める内容の濃い一冊になっています。ストレートに久しぶりに自分の気持ちを謙虚にさせてくれた本です。現状の自分を打破し、超えるために必要なことは何か。多くの「学び」や「教え」が詰まっています。これから大人となり社会にはばたく若者にどの世界でも成功と成長するために必要な多くの気づきが得られる内容となっています。

私は「夢なき者　理想なし／理想なき者　目標なし／目標なき者　実行なし／実行なき者　成果なし／成果なき者　喜びなし」この言葉が一番心に響きました。これから素晴らしい未来が待っている若者の皆さんに是非読んでほしい一冊です。

現在ではSNS（ソーシャルネットワーキングサービス）がコミュニケーションツールの主流だとおもいます。しかしながらそこには人の「心」は読み取れません。やはり人が成長する原点は顔と顔をつき合わせ、お互いの感情を言葉や目で伝え感じることだとおもいます。人間は多くの人が支えとなり成長に結びつく。それらを感じられる一冊だとおもいますのでぜひご一読ください。

わたしの娘を100ウォンで売ります

張真晟　著
晩聲社

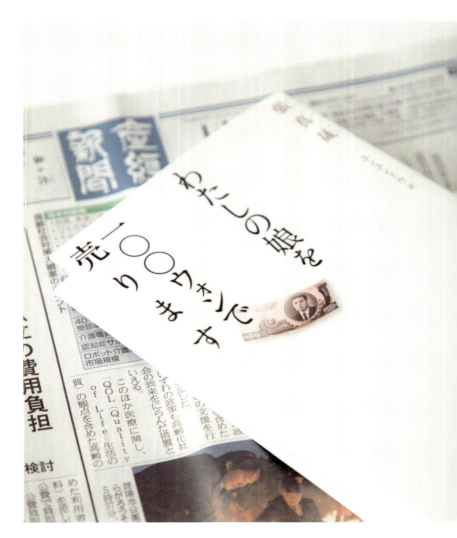

昭和28年生まれ。東京都出身。成蹊大学経済学部卒業後、産経新聞社入社。韓国・延世大学留学、防衛省防衛研究所一般課程研究員を経て外信部次長、平成15年から20年まで韓国ソウル支局特派員、外信部編集委員、政治部編集委員。平成25年より現職。専門分野は国際情勢、日本外交、朝鮮半島情勢。著書に『金日成の秘密教示』ほか。國學院大學客員教授。

産経新聞編集委員

久保田　るり子

　私はみなさんに「言葉」の力を考えてほしいと思っている。そのきっかけにこの一冊を紹介したい。張真晟氏はひと握りのメモを抱いて中朝国境の豆満江を渡った。彼は北朝鮮の特権階層に生まれ、才能に恵まれて朝鮮労働党の詩人となり、金正日を讃える叙事詩で認められた人物だ。しかし為政者のための虚飾を書き続けることはできなかった。独裁者の圧政から300万人もの餓死者を出した飢饉の惨状を、公開処刑の恐ろしさを外の世界に伝えようと越境した。その目でみた人々の姿を書き留めたメモの束を持って。『わたしの娘を100ウォンで売ります』は全71篇のなかの代表作で、逃亡のさなかに村の市場で目撃した母の悲しい物語だ。詩人の言葉は、洪水のような北朝鮮報道を凌駕する力でひとすじに真実を訴えている。世界から見捨てられてしまった人々の息づかいが聞こえる。
　私がはじめて張真晟氏に会ったのは2005年秋、亡命後、まだ間もなかった彼は、触れれば切れるほど神経を研ぎ澄ましていた。この本は韓国、日本での出版を経て英語版がネットで世界に拡散、反響を呼んだ。張氏はロンドン五輪の文学行事に「北朝鮮詩人」として招かれるほどの評価を得た。批判と洞察と深い愛と彼自身の悲しみに満ちたこの詩の数々は優れた北朝鮮ルポでもある。そして読者に、生きることの意味を語りかけてくる。いま張氏は韓国ソウルで北朝鮮の内部情報を伝えるインターネット新聞「NEW FOCUS」を主催している。こうした人々の言葉に触れてみて下さい。

自分の感受性くらい

茨木のり子 著
花神社

昭和31年生まれ。神奈川県出身。昭和60年國學院大學大学院博士課程後期単位取得満期退学後、東京国立博物館研究員。九州国立博物館学芸部長、東京国立博物館学芸企画部長などを経て、平成29年より現職。シリア、パキスタンなどでの遺跡発掘調査や保存修復プロジェクトにも参画、国内外の各種展覧会の企画運営にあたる。國學院大學大学院兼任講師。

東京国立博物館　副館長

井上　洋一

　若かりし頃、友人の影響もあり、歌や詩に凝ったことがある。その頃、ある本屋の詩集コーナーで、この本に出会った。色とりどりの背表紙にさまざまなタイトルが躍る中、私をひきつけたのが、この一冊。なんだ、このタイトルは!?　早速、手に取りページを捲る。そこには本のタイトルと同じ題名の詩があった。衝撃だった。
「ぱさぱさに乾いてゆく心を / ひとのせいにするな / みずからの水やりを怠っておいて」からはじまり、その後、「気難しくなってきたのを、苛立つのを、初心消えかかるのを、駄目なことの一切を、他人のせいにするな」と綴る。そして最後に、「自分の感受性くらい / 自分で守れ / ばかものよ」と自分自身に怒りをぶつける。自分を客観視できたからこそ生まれた言葉なのだろう。
「大人」の定義は難しい。百人百様。でも、私は思う。自分自身にしっかり向き合える人こそ、「大人」ではないかと。この詩集には、「大人」を考えさせるさまざまな言葉が詰まっている。

　本は「知」の宝庫であり、私たちの心を解き放つ存在でもあります。私たちは本から実に多くのことを学ぶことができます。この学びを通し、未知の世界を知るとともに、新たな「自分」を発見することもできるのです。
　大いに本を読もう!　そして知の森を自由に散策し、心豊かな「大人」になってほしいと思います。

関ヶ原

司馬 遼太郎 著
新潮文庫

昭和28年生まれ。大分県出身。昭和46年公式戦デビュー。翌年新日本プロレス旗揚げに参加。修業先のアメリカでWWWFジュニア・ヘビー級王座を獲得し、帰国後も新日本プロレスのエースとして活躍。平成11年新日本プロレス社長に就任。平成18年退団し「無我ワールドプロレスリング」（現・ドラディション）旗揚げ。米国WWEの殿堂入り。

プロレスラー

藤波　辰爾

プロレスラーになって今年で46年。その時間は大きな喜びと沢山の試練の連続でした。そんな私にとって本は心に活力と想像力を与えてくれました。その中でも司馬遼太郎の『関ヶ原』は心に残る一冊です。天下分け目の戦いである関ヶ原の戦いに至るまでの人間模様や、それぞれの武将たちの生き様の描写にとても惹きつけられました。徳川家康と石田三成。この二人のせめぎ合いに同じ「戦いの世界」に生きる自分の姿を重ね合わせました。群雄割拠のプロレス界で天下を取れる人間は一握りです。常にライバルと競い合い、頂点を目指すその様が『関ヶ原』に登場する武将達に重なりました。

厳しい世界で生き抜くためには心に活力を持ち続けなくてはなりません。その時に本は私に大きな力を与えてくれました。会うことは叶わない大昔の先人達に本の中では出会うことができます。脳裏で想像力を働かせることでその時代を生きた人々の生き様が私に活力を与えてくれました。心の糧を得ると自然に行動に繋がります。たとえ本の世界が架空のものでも同じです。

私は読書する時間に大きな想像力を育ててもらいました。その想像力が夢や目標の出発点です。本に触れ合うことの素晴らしさはそこにあると私は感じています。読書はいつでもどこでも始められます。

是非、皆さんも本に接し大きな想像力の中で夢や目標に向かう心の活力を育ててください！

叛アメリカ史

豊浦 志朗 著
ちくま文庫

昭和24年生まれ。東京都出身。昭和50年一橋大学在学中に探検部を創設し、南米中心に活動。旅先で役立つよう医師になることを決意し、同大を中退、横浜市立大学医学部に再入学し、医師免許取得後は病院勤務と探検を繰り返す。平成5年からは人類が拡散していった行程をアフリカからアメリカ大陸まで自らの肉体のみで辿るグレート・ジャーニーを開始。

探検家・医師

関野　吉晴

トランプ大統領は移民排斥を訴えて大統領になりました。しかし、彼は自分自身が移民であることを知らないのでしょうか。はるか昔、シベリアからアラスカに渡った一群がいました。彼らこそ最初のアメリカの発見者であり、最初のアメリカ人なのです。

トランプ大統領は白人以外は人間ではないと思っているのでしょう。100年余り前、アメリカが第一次世界大戦に参戦し、黒人部隊を送ったとき、アメリカ人将校は「私は人間しか指揮しない」と言って、黒人を指揮することを拒否しました。フランス人将校がアメリカ黒人部隊の指揮を執りました。その上、勝利して帰還すると、アメリカ南部では「いい気になるなよ」とリンチを受けたといいます。

トランプ大統領が考える白人中心の歴史を正史と言います。それに対して民主主義を掲げたアメリカ建設の陰で抹殺されていったアメリカインディアン、黒人、ヒスパニック、日系中国人、韓国人、ベトナム人たちの苦痛と、正史への抵抗を描いたものが『叛アメリカ史』です。

著者は序文で、「正史──教科書に書かれた歴史は見事に首尾一貫している。強いものが勝つ。……勝った者は正しい」と言います。

著者の豊浦志朗こと直木賞作家船戸与一氏は徹底して叛史の視点から世界の物語を紡いできました。私はその影響を強く受けました。若い人たちも様々な視点から歴史を、世界を、周囲を見つめることを勧めます。

111

星の巡礼

パウロ・コエーリョ 著

角川文庫

昭和29年生まれ。富山県出身。一橋大学経済学部卒業後、昭和51年通商産業省(現・経済産業省)入省。通商産業研究所総括主任研究官、通商産業省大臣官房調査統計部統計解析課長、通商産業省貿易局輸入課長、経済産業省北海道経済産業局長、経済産業省経済産業研修所長等を歴任。平成15年退官、北海道知事に立候補し当選。平成27年に4選を果たす。

北海道知事
高橋 はるみ

「人間は、自分が死ぬということに気づいている唯一の存在だ。そのために、そして、そのためだけに、僕は人類に対して深い尊敬の念を持っている。そして、人類の未来は現在よりずっと良くなると信じている。自分の人生には限りがあり、予想もしない時にすべてが終わるということを知っていても、なお、人々は、自分の人生で、永遠の生命を持つものにこそふさわしい戦いをしている。」(152頁)
巡礼のガイドであり、師であるペトラスが主人公に語りかけた言葉の一つです。この本は、現代に生きるブラジル人のビジネスマンが、奇跡の剣を求めてスペイン・サンチャゴへの巡礼の道を辿る中で、精神的な体験を重ねながら、自分自身を発見していく物語です。

私が好きなパウロ・コエーリョのデビュー作で、主人公と師が交わす一つ一つの言葉に惹かれて、時間を忘れて読み進んだことを覚えています。自伝的な要素が強い本作では、人生は素晴らしくて豊かなものであり、人生を偉大な冒険として、夢の実現に向けて戦うことが大切だということが語られ、今も、私にとって思い入れの強い一冊です。

皆さんには、いろいろな本を手にとって、読んでほしいと思います。感受性が豊かな学生時代の読書は、特別なもの。今、その時にしかできない読書、その時にしか得られない感動が、皆さんの生活を彩り、またこれからの人生においても深い喜びを与えてくれることでしょう。

空白の天気図

柳田 邦男 著
文春文庫

昭和30年生まれ。東京都出身。東京大学文学部卒業後、昭和54年株式会社東京放送に入社。ラジオ制作部などを経て、平成20年経営企画局長。平成22年より株式会社TBSラジオ取締役。同取締役兼任のまま平成24年より現職。現職の会社は、主にラジオの番組制作および技術を手掛けている。

株式会社TBSプロネックス
代表取締役社長

田中　健一郎

今では毎日、天気予報を見聞きしない日はないと思います。ところがこの国では1945年8月22日まで3年8ヶ月にわたり天気予報は軍の機密事項であり、国民に知らされることはありませんでした。天気予報は、通信の自由、報道の自由に支えられて今あることが、改めてよくわかります。この本には、「原子爆弾」が投下された同年8月6日前後の広島気象台職員たちの苦闘と、同年9月17日「枕崎台風」が通信網の途絶した広島を直撃し甚大な被害をもたらした二重の災厄が、丹念な調査に基づき描かれています。

今から40年以上前に書かれたノンフィクションの古典であり、文体などは今の若い世代の皆さんには古く感じられるかもしれませんが、最初だけ努力して読めば、すぐに事実の迫力に引き込まれると思います。また終戦直後の気象や原爆被害の調査に多くの学生が参加し、場合によっては若い命を落としている事実にも、心打たれます。

終戦当時のラジオの役割も描かれています。私は40年近くラジオの仕事に携わってきましたが、最近でも東日本大震災などの際に、ラジオが情報源として心の支えとして役に立ったことは、誇りに思っています。

この本は文春文庫で再版されていますし、Kindle版もあるので、手に入れるのは簡単です。是非若いうちに読んで、柳田邦男さんの著書をはじめ良質なノンフィクションに触れる機会を増やしていただければ幸いに思います。

日本の知恵

亀井 勝一郎 著

大和書房

昭和12年生まれ。東京都出身。昭和36年國學院大學文学部卒業。能楽狂言方大蔵流・山本東次郎家の三世東次郎則重の長男に生まれ、昭和17年初舞台、昭和47年四世を襲名。芸術祭奨励賞、芸術選奨、紫綬褒章などを受賞し、平成24年に重要無形文化財保持者(人間国宝)に認定。平成29年日本芸術院会員。長年にわたり國學院大學で狂言鑑賞会を開催。

大蔵流狂言方

山本東次郎則寿

私は27歳の時に、父であり師匠でもある先代(三世東次郎則重)を亡くしました。当時の私はひ弱で、周囲から「大丈夫なのか」と言われて辛い時期だったのですが、ある人から「65歳(で亡くなった父)の真似を30歳前のあんたがやってもしょうがない」と諭されまして、納得しつつも悩みながら迷いに迷って舞台を勤めていました。それから3年ほどして、ふと本屋で手にしたのがこの本です。この中の「師の跡を求めず、師の求めたるところを求めよ」という空海の言葉に接した時、「師の背中を追いかけているだけでは決して師に追いつくことはできない。たとえ到り着くことができないとしても、師が理想とし、目指した境地を見据えて、そこに向かって進め、ということだ」と気づいて悩みが全部消えてしまいました。自分の信じる道、4歳から稽古して身につけたものは、絶対に失うものではない。以来、50年間、心の支えとしてこの言葉があります。学生の頃読んだ本はいろいろありますが、「一生」となるとこの本になります。

能の大成者である世阿弥は「離見の見」ということをいっております。「離れたところから客観的に冷静に自分を見つめながら舞台を勤めろ」ということなのです。人間はつい夢中になってしまうもの。「脇目も振らず」とか「無我夢中」という行為も大切なことだと思いますが、ちょっと視点を変えることで、ずいぶんと生き方も違ってくると思います。私はそれも本から学びました。

本田宗一郎　-夢を追い続けた知的バーバリアン-

野中 郁次郎 著
ＰＨＰ経営叢書

昭和32年生まれ。福岡県出身。上智大学経済学部卒業後、昭和57年りそなグループ入社。りそなホールディングス執行役財務部長、同取締役兼代表執行役副社長、りそな銀行代表取締役副社長兼執行役員などを経て、平成25年りそなホールディングス取締役兼代表執行役社長、りそな銀行代表取締役社長兼執行役員。平成29年より現職。

株式会社りそな銀行
取締役会長兼代表取締役社長
東　和浩

私は、生意気なようだが、経営書というものをほとんど読まない。尊敬すべき経営者を見よう見まねでなぞった所で、とても同じような経営は出来ないと端から諦めているからだ。たった1年だったが、野中郁次郎先生の謦咳に接したことがある。経営学というより、哲学を学んだ。本書は、本田宗一郎という型破りな企業家の生き様から実践知のエッセンスを絞り出した、野中哲学の書である。

本田宗一郎は、常に現場で実践し、感じ、考え、創造する企業家だが、その根幹には、社会に、顧客に、社員に善き事をなすという「善」があった。

経営学で習うROEは、「目標」ではなく「影」という。ビジネスとして成り立つかどうかの前に、社会の善として成り立つかどうか、を考えるのがリーダーの要件なのである。「宗一郎の衣鉢を継ぐ、そんな知的バーバリアン（野蛮人）のリーダーが日本にもっと現れてほしい。」心に沁みる言葉である。

学生を辞めて、仕事に就くと、世の中が逆転する。これまで、学費を払っていた立場が、今度は働いてお金をもらう立場になる。だから、良き組織人になることを求められる。

それにしても、「就職」という言葉には、どこかウキウキする響きがないのは何故だろう。仕事には、「好きだ！」とか「楽しい！」という感嘆符付きの言葉が必要だ。「おとなしい」組織人ではなく、より善き社会を作る、青臭い「型破りな」仕事人を目指そう。

無常という事

小林 秀雄 著
新潮文庫

昭和17年生まれ。山口県出身。昭和41年國學院大學神道学専攻科修了。昭和52年鶴岡八幡宮宮司に就任。平成16年神奈川県神社庁庁長、平成22年より伊勢神宮式年遷宮奉賛会監事、神社本庁常務理事などを歴任。平成23年より國學院大學院友会会長に就任。

鶴岡八幡宮　宮司

吉田　茂穂

近年、多くの人の間、特に若い世代の本離れ、活字離れが急速に進んでいると言われる。様々な物事を吸収するこの大切な時期である。インターネットなどによる短絡的かつ瞬時に物事の答えを得ることは如何なものかと疑問符が付く。間違った情報も多いようだ。そうした観点からも、本に親しんでもらいたい。特に読んで頂きたいのが、小林秀雄著『無常という事』である。少々手間隙かけても難解といわれるこの書を読破して、生きることへの答えを出してもらいたい。

小林秀雄は文学の枠を超え、人々、時代に深く影響を与え続けた文芸評論家であった。鎌倉在住だったので、ご自宅によくお邪魔した。ライフワーク『本居宣長』を書き終えてからは、筆を取らず、専ら桜談義。日本人の桜に対する鑑賞眼の頂点に達する時代は本居宣長の時代、その鑑賞は「葉と花」の調和にあるといったような話をよく伺った。話題は豊富であった。

本稿は、よくよく読むと「生と死」「歴史」「美」といった非常に大きなテーマについて印象的な感想を書いている。

著者はテーマを理解し易い言葉で言い表さず「無常という事」としているが、「人の生と死」の対比をありありと感じる。実朝や西行、モーツァルトなどを過去の人として扱うのではなく、我々と同じ感情を持つ今の人間として、心構え、物の見方や感じ方、美的感覚を扱っている。これからの人生を考える「縁」として貰いたい。

寂しい生活

稲垣 えみ子 著

東洋経済新報社

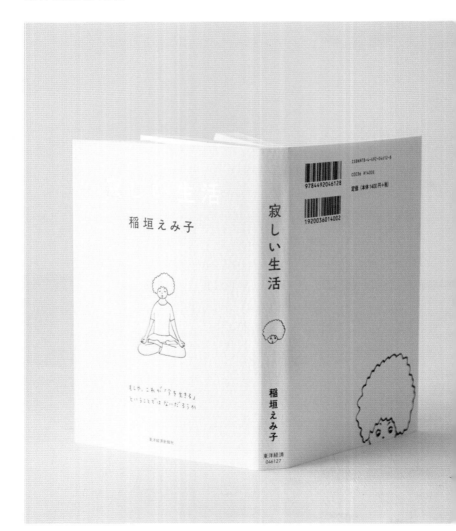

1951年生まれ。ロンドン出身。ロンドン大学日本語学科を卒業後、昭和49年に音楽出版社の著作権業務に就くため来日。現在フリーのブロードキャスターとして活動。「バラカン・ビート」(インター FM)、「ウィークエンド・サンシャイン」(NHK-FM)、「ライフスタイル・ミュージアム」(東京FM)、「ジャパノロジー・プラス」(NHK BS1)などを担当。

ブロードキャスター

ピーター　バラカン

2011年3月11日の東日本大震災。あれから7年近くが経ち、津波による被害からの復興は少しずつですが、進んでいます。しかし、福島第一原発の問題はもっともっと長く尾を引いており、安倍政権は原子力発電を再開しようとしていますが、核エネルギーというものが人類のためになるかどうかという議論は本格的に行われていません。疑問に思う人は今も多いと思います。2011年当時はもっと深刻に考えていました。電力が足りなくなると言われていた中で皆が自分なりに節約しながら生活していました。

稲垣えみ子さんもその一人で、家電に囲まれて育った彼女は一つひとつ電気機器が自分に本当に必要かを考え、そうでないものとはお別れを告げた結果、現在持っているものは電灯、ラジオ、コンピューター、携帯電話の4つだけ。月々の電気代は驚くべき150円！　しかし、それよりも彼女の生活が以前よりはるかに充実したものになった話は本当に面白い。これは一つの生き方を提示する意外なほど楽しい本です。

社会人になる前に、自分が生まれ育った環境を一度離れてみて、少し長めの旅行で他の文化を体験することは一生役立つものだと思います。当たり前だと思っていたことが実は違っていたことに気づくことで、世界の見方が本質的に変わります。世界の平和を保つためにもそういう人間が益々必要になっていますから学生のうちにぜひ、貧乏旅行で十分なので、やってみてください。

ハーバードでいちばん人気の国・日本

佐藤 智恵 著
ＰＨＰ新書

昭和29年生まれ。神奈川県出身。慶應義塾大学卒業後、昭和51年(株)三菱銀行入行。平成18年(株)三菱東京ＵＦＪ銀行執行役員同行副頭取、(株)三菱ＵＦＪフィナンシャルグループ代表執行役副会長、三菱ＵＦＪモルガン・スタンレー証券(株)社長兼CEOを歴任し、平成30年より現職。

三菱ＵＦＪ証券ホールディングス株式会社
代表取締役会長

長岡　孝

　世界有数の経営大学院、ハーバード・ビジネススクールの学生に最も人気がある国は日本だという。その理由は何か。本書では、同校の教材となっている日本企業等の事例を、「オペレーション」「歴史」「政治・経済」「戦略・マーケティング」「リーダーシップ」のテーマ毎に紹介、同校で考えるこれら事例からの「学び」は何かを掘り下げることにより解説している。「新幹線お掃除劇場」として脚光を浴びたテッセイ社、世界初の先物市場の堂島米市場、70年代に米国進出を果たしたホンダ、社内公用語英語化を断行した楽天等の事例で、「日本の強み」が日頃意識しない視点でも捉えられており大変興味深い。著者はコンサルタント・作家の佐藤智恵氏。ハーバード教授陣への取材をベースに、日本の課題を指摘している点も含めて単なる自国礼賛本ではない説得力のある内容となっており、キャリアプランを描く上で是非参考にしてもらいたい一冊。

　金融業界に永年身を置いてきた中で、90年代のバブル崩壊後は日本全体でチャレンジ精神の欠如が著しい一方、欧米諸国は日本の良き文化から脈々と受け継がれた日本企業の経営哲学の強みを学んでおり、日本が世界で貢献できる余地の大きさを感じている。東京オリンピックも控え、今後「世界の中の日本」の意識が高まるこの時代に、日本で学ぶ諸君はこれを絶好の機会と捉え、自信をもって知見を吸収し、グローバルベースでの活躍のチャンスを掴んでほしい。

されど われらが日々——

柴田 翔 著
文春文庫

昭和35年生まれ。兵庫県出身。PR会社勤務を経て昭和63年、株式会社花形商品研究所を設立。企業や商品・サービスのコミュニケーション戦略の企画・運営を手がける。平成12年、広域渋谷圏のビジネス＆カルチャーニュースを配信する情報サイト「シブヤ経済新聞」を開設。現在は国内外120以上の地域媒体と「みんなの経済新聞ネットワーク」を形成。

シブヤ経済新聞　編集長

西　樹

この本との出会いは19歳の頃、予備校に通っていた時だった。書店でふと目にとまったのが、この本のタイトルだ。語感が良く、含みを残す「——」の記号。本をパラパラ捲ると「六全協」「日本共産党の路線転換」など、それまで無縁だった文字が並ぶ。東大・安田講堂を学生が占拠する事件は小学生の頃、テレビで見ていた。こうした文字に距離感を感じつつも、タイトルの持つパワーに押されたかたちで本を買った。今思えば、好奇心から来る「ジャケ買い」だったかもしれない。

時代背景は60年代。当時盛んだった学生運動には興味が無く、特に不自由なく生きている主人公と婚約者との関係を軸にした青春小説。ただ、そこに描かれているのは、信じていたものが突然崩壊したことで絶望に直面した人々のシリアスな人生だ。全体は一人称ながら、当事者の手紙などを挿入することで物語に深みを増している。

高度成長期の関西の下町で能天気に育った私にとって、この本に描かれる大学生のリアルな群像劇は実にショッキングなものだった。故に、吸い込まれるようにページをめくっていった記憶がある。すぐ先の未来＝大学生になると、ここまで物事を突き詰めて考える同世代がいるんだと思うと、当時の「自分の幼さ」を感じたのもこの時だったかもしれない。

人生の岐路に立たされたとき、自分の中でどこまで深く思考できるか、そんなことを突きつけられた一冊だった。

精神と情熱とに関する八十一章

アラン 著
創元ライブラリ

昭和32年生まれ。東京都出身。國學院大學文学部文学科卒業、平成2年國學院大學大学院文学研究科博士課程単位取得満期退学。平成8年國學院大學文学部専任講師に就任。東京工業高校で建築士を目指したが、物ではなく言葉や心の領域の面白さに気付き、國學院大學に進学した。現在に至るまで、高校時代に見つけた言葉の面白さを追求し続けている。

國學院大學 文学部長・教授

石川　則夫

本書は大学の3年生前後に買ったと思う。アランは哲学概論を書いたと記している。第1部「感覚による認識」から第7部「儀式」にいたる81の文章は哲学とはなにかというテーマで連なっているものの、順序よく積み上がっているわけではない。随想風の文章に見えて難しくないように思われるが、アランの言葉は易しいが文章は難しい。しかしそれは、人文系の研究論文の難しさとは質の異なるものだ。言い換えるなら、我々現代人にはなかなかふれられないような難しさなのである。

40年近く前に買ってから僕は何回読んだだろうか、傍線を引き、ゴマ点を打ち、語句に囲み線を描きながら。その読書のしかたは、1日に1章ずつ読むことだった。81日目に最終章にたどり着く。えらく悠長な読書だが、そういう読み方をこの文章は読者に求めているように思えた。つまり、読んでいるとその文章、その語句が読者自らの経験へと手を伸ばして来て、想起された経験の捉え直しを迫ってくるような力に満ちているのだ。だから、1章、数ページ分の言葉に向き合うだけで、グルグルと脳が回転し、読んでいる文章から眼を離してあれこれ考える時間がいつのまにか過ぎていく、というような感じである。こうして何度も読んでいくと、たしかにこの書物にはこの世で生きていく人間に関するあらゆることが書かれているという確信に至るわけで、20世紀の遺産と呼ぶのもやぶさかではない。

ながい坂

山本 周五郎 著
新潮文庫

昭和21年生まれ。秋田県出身。慶應義塾大学卒業後、昭和45年読売新聞社に入社。本社政治部、論説委員、政治部長、編集局次長、編集委員などを歴任する。「スッキリ!!」「情報ライブ ミヤネ屋」「ウェークアップぷらす」などに出演し、政治・政局解説を務める。平成13年読売新聞編集委員を経て、平成18年より現職。平成26年、日本記者クラブ賞受賞。

読売新聞特別編集委員

橋本　五郎

落ち込んだ時、くじけてしまいそうになった時、決まって手にする小説があります。これまで20回近く読んだでしょうか。『樅ノ木は残った』などの著者山本周五郎の『ながい坂』です。下級武士の子として生まれた阿部小三郎は8歳の時に衝撃的な出来事に遭遇します。いつも通っていた、不動のものと思っていた小さな橋が壊されてしまいました。城代家老の屋敷の脇を人が通ると、子息の勉強の妨げになるというのです。こんな理不尽が許されていいはずがない、自分が偉くならなければならない。そう思った小三郎は、ひたすら学問と武芸に励みます。ある日、小出先生に諭されます。

「阿部、人の一生はながいものだ、一足跳びに山の頂点へあがるのも、一歩、一歩としっかり登ってゆくのも、結局は同じことになるんだ、一足跳びにあがるより、一歩ずつ登るほうが途中の草木や泉や、いろいろな風物を見ることができるし、それよりも一歩、一歩を慥かめてきた、という自信をつかむことのほうが強い力になるものだ、わかるかな」

深く感じた小三郎は腰を低くし自らを鍛えていきます。成長して名を三浦主水正と改め、さまざまな困難に立ち向かいながらも、若き藩主と藩政改革を進めます。そこには己を厳しく律し「初心」を貫こうとする孤独な男の姿があります。読みながら、自分は初心を貫いているのか。安易な毎日を送っているのではないか。そう反省させられるのです。

少しだけ、無理をして生きる

城山 三郎 著
新潮文庫

昭和27年生まれ。広島県出身。一橋大学卒業後、昭和52年三菱信託銀行株式会社入社。平成18年三菱UFJ信託銀行株式会社常務執行役員、平成20年常務取締役、平成21年専務取締役、平成24年取締役社長、平成25年取締役社長兼取締役会長兼株式会社三菱UFJフィナンシャル・グループ取締役副会長を経て、平成28年より現職。

三菱UFJ信託銀行株式会社　取締役会長

若林　辰雄

本書刊行時の題名は「逆境を生きる」であった。文庫版が出たときに改題されてこの題名となった。著者城山三郎は、ご存知の通り日本文学界に経済小説の分野を確立した作家である。城山作品の主人公、登場人物は皆人間的魅力に溢れている。本当に「格好いい」大人なのである。本書では城山自身が小説のために調べた人物や、興味を覚えて実際に会った人たちについて語り、「人間の魅力」の本質について迫っていく。『落日燃ゆ』の広田弘毅、『男子の本懐』の浜口雄幸、『雄気堂々』の渋沢栄一など、人間的魅力に溢れる城山作品主人公達のエピソードや、実際に対談した人たちの話など、興味が尽きない。

本書のカバーには「大変な無理だと続かない。大事なのはほんの少しだけ、自分を無理な状態に置く。つまり挑戦し続けることなのだ」とある。人は皆逆境に遭う。それでも挑戦を続ける生き方にこそ「人間的魅力、格好よさ」が宿るのだろう。一読を薦める一冊だ。

人生100年時代に入った。学生諸君の人生もあと80年近く続く。ため息がでるほど先は長い。だが人生は一度きりである。たった一度の人生、どうすれば悔いなくおくれるか、諸君一人一人が考え決めることだ。長い人生苦しい事の連続だ。でもそんな時、負けず、くじけず、しっかり前進してほしい。読書を通じ、先人の思想や知恵に学び、良き人生をおくる指針を得ながら実り多き人生にしてほしい。本書がその一助になれば幸いだ。

栃と餅 －食の民俗構造を探る－

野本 寛一 著

岩波書店

昭和20年生まれ。香川県出身。國學院大學法学部法律学科卒業後、昭和43年國學院大學入職。平成13年國學院大學総合学生センター事務部教務担当部長。平成15年学校法人國學院大學評議員、國學院大學事務局長。平成16年学校法人國學院大學理事、平成22年より現職。

学校法人國學院大學　常務理事

佐栁　正三

著者は1959年國學院大學文学部卒、文学博士、文化功労者である。
食の現状はテレビ番組をはじめ、新聞、マスコミ、インターネット等で情報が溢れている。その多くはグルメブームに関するもので、なかには大食い競争までも人気番組となっている。また、スーパーやコンビニをはじめ大量の廃棄食材も報じられている。こんな世相に対して著者は日本全国を探訪し、多くの人たちから日本人は生きるためにどんな努力をしていたかを聞き取り、その工夫と努力を丹念に記している。著者は「生存のために懸命に食を得、保存する工夫を重ねた人びとの努力、この国の人びとの「食」に対する深い思いを忘却の淵に沈めてしまってよいものだろうか。食は決して没個性・平板・簡略一方のものであってはならない。食には民族としての伝統と厚みがなければならないのである。」また、「山中の米の稀少な地で、末期の病人に『振り米』と称して竹筒に入れた米を振って聞かせたという話も折々聞いた。『白米』を常食として定着させたのは高度経済成長以後のことである。」と述べている。手のとどく過去の先人たちは生存のためにじつに様々な食物を食べてきたのである。
地球温暖化による自然破壊や農業後継者不足による耕作放棄地の増加が何を示唆しているのか、貧しさの中で懸命に生きた人びとの工夫と努力をこの本から学び、飽食の中にあって、今一度、生きるために食を得る事の大変さを知ってもらいたい。

利他のすすめ　－チョーク工場で学んだ幸せに生きる18の知恵－

大山　泰弘　著

Ｗａｖｅ出版

昭和25年生まれ。福岡県出身。東京大学卒業後、昭和49年野村證券(現・野村ホールディングス)入社。人事、企画などの業務に従事した後、平成7年取締役就任。野村ホールディングス及び野村證券社長兼CEO、野村證券会長を経て、平成23年より現職。平成26年より一般社団法人日本経済団体連合会副会長も務める。

野村ホールディングス株式会社　取締役会長
古賀　信行

人は何故働くのだろうか。私がずっと考えてきたことに、明確な一つの答えを与えてくれた本です。たまたま二人の知的障がい者を雇うことになった著者は、疑問を抱きます。叱られても叱られても毎日通勤してくる二人。施設に居れば楽に過ごすことができるはずなのに、何故なのだろう？ 禅宗の住職に尋ねると、住職はこう答えるのです。人間の幸せはモノやお金ではない。究極の幸せは次の四つである。人に愛されること、人に褒められること、人の役にたつこと。そして人から必要とされること。働くことによって、愛されること以外の三つの幸せは得られるのです。働かず、施設にいるだけでは生きる喜びを感じる機会すらない、と云うのです。働くことが当たり前となっている人には普段意識されない視点です。働くことの辛さばかりを思いがちで、喜びまで思いを馳せないものです。移ろい易い世の中だからこそ、こうした人間としての原点は大切だと考えています。

社会人になって、挫折や報われない思いを感じた時、思い出して欲しい言葉が天網恢恢です。通例は、天は悪事を見逃さないという戒めの言葉ですが、私は天はあらゆることを見続けていると解しています。こんなに努力しているのに評価されない、そう思う局面もあるでしょう。その時は、誰かが自分を見てくれていると信じることです。そうすれば努力を続けることができます。努力し続けること、これが社会人として最も大切なことです。

街道をゆく

司馬 遼太郎 著
朝日文芸文庫

昭和13年生まれ。東京都出身。東京芸術大学美術学部卒業。大阪万博などのイベントで照明を手がけ、以来ライトアップやレーザーアートなど照明デザインの第一人者。主な作品は、東京タワー、レインボーブリッジ、倉敷美観地区、歌舞伎座ライトアップ等。パリ、ベルリン、ローマ等の歴史的建造物でも日本の文化を発信する光イベントを行う。

照明デザイナー

石井　幹子

私は幼い頃より、本を読むのが何よりも好きでした。太平洋戦争が終わった直後に小学生だった私は、率先して学校の図書室の委員になって、毎日図書室に入り浸っていました。終戦後は本も少なく、街の本屋さんの棚は閑散としていたので、図書室は宝の山のように見えました。まわりにある本を手当たりしだい読んで、物語の世界に没頭していました。本は、様々なことを教えてくれました。

成人してからも、読書を通して多くを学びました。中でも40歳代で出会った司馬遼太郎さんの著書には熱中して、ほぼ全著作を読みました。内容が多岐にわたって面白いのはいうまでもないことですが、私にとっては人生の指針でもあり、日本の社会を知り、その成り立ちを学ぶことが出来ました。

あえて一冊をあげるとすると、『街道をゆく』です。日本の多様性、特質を人と風土の両方から描き、どの巻から読んでも興味深い、おすすめの書です。

大学生の皆さんに私が伝えたいのは、「五感で感じ、自分で考える」ということです。いま、沢山の情報が溢れています。様々なモノに取り囲まれています。あまりに多くのものの中で小さな舟に乗って漕いでいるような、心細い気持ちになる時もあるでしょう。

そんな時、自分の五感で感じ取って下さい。目で見て、手で触れて、味わって、聴いて、香りをかいでというように、人としての身体を総動員して感じることは、とても大切なことです。そして、自分の頭で考えてみて下さい。

栄光の岩壁

新田 次郎　著
新潮文庫

昭和27年生まれ。和歌山県出身。早稲田大学卒業後、昭和50年國學院高等学校教諭に就任。専門は数学。山岳部顧問を務め、自身もジャパンエキスパートクライマーズクラブ（JECC）に所属し、マッターホルン北壁、ドリュ北壁、モンブラン、アイガー、ピスコ等に登頂した。平成24年より現職。

國學院高等学校　校長

津 田　栄

本書は45年も前に出版され、作者は藤原正彦の父の新田次郎である。前の東京オリンピックが行われていた頃、日本の登山界ではヨーロッパ三大北壁であるアイガー北壁、グランドジョラス北壁、そしてマッターホルン北壁の日本人初登頂者が誰になるかが話題となっていた。そしてオリンピックの次の年に芳野満彦たちは誰もが憧れていたマッターホルン北壁を登り栄光を手にしたのである。そのことをテーマに書かれた小説であるが、驚くべきは芳野に足の指が一本も無かったことである。八ヶ岳に登った時に凍傷にかかり指を全部切断していたのである。しかし、リハビリと国内での岩登りや氷壁での訓練を繰り返して実力をつけチャレンジしたのである。新田次郎の作品は一見不可能に見えることが実際に実現する内容が多いのだが、ほとんどが実話である。人間は鍛え上げることによって超人になれることを小説を通して示している。

この小説の舞台であるマッターホルンはスイスのツェルマットという町の近くにあり、ここからの眺めは写真等でも有名である。また、三浦雄一郎は田浦雄三郎という名でこの小説に登場するが、85歳で8千メートル峰からの滑降、90歳でエベレスト登山を計画しているらしい。この本を読んで何かにチャレンジすることの意味と意義をご理解頂ければ幸いである。私もこの小説のおかげでマッターホルン北壁を登ることが出来た。この本との出会いに感謝している。

信念

ディエゴ・シメオネ 著

カンゼン

昭和56年生まれ。東京都出身。法政大学卒業。15歳から25歳まで俳優業を志す。引退後、コーヒー豆販売店に勤務。高品質のコーヒーを沢山の人に届けたいと、平成23年東京・恵比寿に猿田彦珈琲を開店。平成26年ジョージア缶コーヒーを監修。「たった一杯で幸せになるコーヒー屋」をコンセプトに、日本発の珈琲ブランドとして躍進中。

猿田彦珈琲株式会社　代表取締役社長

大塚　朝之

人生とは不思議なもので、誰もが無理だと思っていたのにそうはならず、むしろ望んでいた以上のものになることがある。

猿田彦珈琲を創業してもうすぐ7年になるが、僕たちもそのひとつだろう。創業当時を知る人たちが、僕たちがやっていける、ましてや成功するなんて誰一人思ってもみなかったはずで、お金は全くといっていいほどなかったし、僕自身がコーヒー屋として有名なわけでもなかった。でも、猿田彦珈琲は今も続いているし、生意気いえば僕らはコーヒーの世界ではとても面白い存在になったと自負している。

それでも僕自身は悩み続けている。これから勝てるのか。生きのびられるのか。

もし自分を信じる力が足りていない方がいるなら、さらりと読むだけでいい。この本を一読し、めげない心とは何かを知って欲しい。無謀と思える挑戦や困難でも、そこには必ず打破する道のりがあるという事実だ。これまで僕は何度もめげそうになったし、諦めかけた。でも、僅かな可能性がないのかを探し続け、それを信じてきた。可能性がないものを信じることができないのは普通だが、可能性が低いものを信じることが罪なわけでもなければ、確実に成功しないわけでもない。

低い可能性を信じ、理路整然と成功するための道のりを歩み、結果を出し続けている人物がフットボール界にいる。この著者のディエゴ・シメオネという男である。この本を読んで、これからどうすべきか。僕は勇気が沸いた。

Outliers

Malcolm Gladwell 著

マルコム・グラッドウェル 著 『天才！成功する人々の法則』 講談社

1965年生まれ。アメリカ出身。米国の百貨店などを経て、Gap Inc.に入社。Banana Republicを始め、多くのアパレルで商品開発、調達、マーチャンダイジング(MD)業務を経験、2013年からUNIQLO USAでMDトップを務め、2015年6月再びGap Inc.に入社。GapグローバルMDチームを率いた後、2016年11月より現職。

Gap Japan株式会社 代表取締役社長

スティーブン　セア

この本が出版された2008年、我々の世代では最大の経済不況のさなかでした。小売業のリーダーであった私は、このままでは会社は危機を克服できないかもしれないと思い、日々のビジネスを勝ち抜くために、そのビジネスのもっとも根本的な基本部分に注力する必要がありました。

グラッドウェルはこの本で、どの分野においても成功への鍵であると考える、「1万時間の法則」を解説しています。この法則は、単純にそれぞれのタスクを週に20時間、10年間ずっと継続することなのですが、この行いが成功を収めた人の中に見られる共通項であることを見出したのです。私自身、米国アパレル製造小売業での店舗リーダーの10年、その後の商品部責任者の10年の間ずっと、この法則に自言を持っていました。

数年後、当時勤めていた会社では最高業績を達成し、上場企業となりました。以来、どの業界においても、このようなひたむきな努力の結果、成功を収めているビジネスパートナーには大きな敬意を払ってやみません。

若者の皆さんには、学校の卒業は自身の教育の終わりというより、むしろ始まりと考えてほしいです。世界がめまぐるしく変化し、進化を続けていくなかで、私自身も「知識」を新しい観点とともに、常に身につけなければならないと思っているからです。そういった面で役に立つ本も毎年発売されていますので参考にしてみるのも良いでしょう。みなさんのご成功をお祈りしています。

沈 黙

遠藤 周作　著
新潮文庫

昭和29年生まれ。兵庫県出身。早稲田大学政経学部卒業後、昭和55年株式会社フジテレビジョンに入社。「ＦＮＮスーパータイム」「(新)報道2001」のキャスターを21年間務める。キャンペーン報道で救急救命士法成立に貢献し、放送文化基金賞等を受賞。フジテレビジョン退社後、国際医療福祉大学大学院教授などを歴任。平成23年より現職。

神奈川県知事

黒岩　祐治

45年前、私の母校灘高校は東大合格者数全国一になり、がぜん世間の注目を集めていた。その中で東大受験に失敗した私は、絶望感いっぱいで上京し、浪人生活を始めた。その際、たまたま目に留まった『ただいま浪人』という本が遠藤文学との出会いとなった。そこで、私に最も大きな影響を与えたのが『沈黙』である。キリスト教弾圧の時代、「転びバテレン」と蔑まれた名もなき一人の男が主役である。キリストを信じながらも、火あぶりにされるのが怖くて、マリア像を踏みつけてしまう。猛火に焼かれ恍惚の表情で信仰に殉じて死んでいく殉教者たちを見ながら、自らの弱さに打ちひしがれる男。

遠藤文学には共通して流れる思想がある。それが「哀しみの連帯」である。殉教者になれなかった転びバテレン、大学受験に失敗した浪人生、要領が悪くグータラの烙印を押されるサラリーマン、病によって辛い闘病生活を強いられる病人……。ジャンルは違うが、いずれも弱い者、うまく行かない人が主役である。そこには哀しみがある。どんな哀しみであっても、自分の哀しみを深く掘り下げて、しっかり向き合っていけば、地下水脈はつながっている。つまり、自分の心の痛みを分かった人は他人の心の痛みにも思いを馳せることができる。それが本当の優しさだというのである。

浪人というネガティブな体験によって逆に私の世界は拡がった。その大きなきっかけを与えてくれた『沈黙』こそ、私の座右の書である。

脱学校の社会

イヴァン・イリッチ　著
東京創元社

昭和30年生まれ。新潟県出身。上越教育大学大学院学校教育研究科修了。専攻は道徳教育、教育カリキュラム論。川崎市公立学校教諭を経て、高知大学教育学部助教授、同学部教授。平成21年より國學院大學人間開発学部教授。平成29年より現職。日本道徳教育学会理事、日本道徳教育方法学会理事、日本道徳教育学会神奈川支部長も務める。

國學院大學 人間開発学部長・教授

田沼　茂紀

私たちにとって、学校とはどのような意味をもつものなのであろうか。

偉大な哲学者・教育学者でもあったカントは、『教育学講義』の冒頭で「人間とは教育されなければならない唯一の被造物である」「人間は教育によってはじめて人間となることができる」「人間は人間によってのみ教育される」という名言を残している。それを具現化するのが学校という場である。米国の経験主義哲学者・教育学者であったデューイは、子供が家庭生活から社会生活へと経験を拡大する小社会の役割を果たすのが学校であると述べている。

そんな当たり前の学校観に異議を唱えたのが、文明批評家であるイヴァン・イリッチである。イリッチは、「人はなぜ学校へ行くのか？」と今日の学校教育制度を真っ正面から見据えて問いかけてくる。なんと、本書の第1章は「なぜ学校を廃止しなければならないか」という強烈な見出しである。イリッチは社会制度成立過程と目的との区別が曖昧になると、学ぶことと進級や卒業資格を取得することが混同され、本来的な意味としての学ぶことが「卒業」といった結果に目的がすり替えられるようになると批判する。大学で当たり前のように学んでいる若者も、もしかしたら同様なのかもしれない。

読書は心の栄養、いつも寄り添う人生のガイドである。学生時代に真剣に向き合った本は、その事柄が身体に染み付いて一生涯忘れることができないものである。

快楽としての読書 〔日本篇〕

丸谷 才一 著
ちくま文庫

昭和17年生まれ。静岡県出身。國學院大學文学部国文科卒業後、昭和40年平凡社入社。『別冊太陽』『太陽』編集長を経た後、執筆活動に専念する。昭和63年『素人庖丁記』で講談社エッセイ賞受賞。平成12年『芭蕉の誘惑』でJTB紀行文学大賞、平成18年『悪党芭蕉』で泉鏡花文学賞、平成19年読売文学賞を受賞。他に『追悼の達人』『文人悪食』など多数。

作家

嵐山　光三郎

　丸谷才一氏による書評122選。小説家による小説批評は、評価の視点が小説家次元になって、ただならぬ面白さがある。たとえば村上春樹『スプートニクの恋人』は村上春樹が好むモチーフ「喪失」をさし示す。女主人公すみれは小説家志望の娘だが、大学の文藝科を中退して、行き場を失っている。文藝科の上級生である「ぼく」はすみれに恋をしているが相手にしてもらえない。そして、すみれは失踪する。村上氏の小説はノヴル(小説)の方法ではなくロマンス(伝奇)の方法だ、と分析していきます。菅野昭正『永井荷風巡歴』では「逸民そして市民とはなにか」、篠田一士『現代詩大要』では短歌と俳句と現代詩について語り、吉田健一『瓦礫の中』は昭和二十年代の物語。ここに登場する書評は、すべて読書案内になっているから、興味をそそられた本を読めばよろしい。『快楽としての読書・海外篇』もあり、こちらもハラハラドキドキの魅惑の世界文学案内である。
　丸谷才一先生は國學院で英語を教えており、テキストはジョイスでした。大学卒業後、私は平凡社へ就職し、丸谷先生にはずっと御教示を受けました。この書評集に登場する菅野昭正先生(フランス文学)、篠田一士先生(英文学)、吉田健一先生も國學院で教えていて、吉田健一先生はいつもシェリー酒のティオペペを飲んでいて、ゴキゲンな授業でした。楽しかった國學院の授業をなつかしく思い出します。

日本人とユダヤ人

イザヤ・ベンダサン 著
角川ソフィア文庫

昭和28年生まれ。鹿児島県出身。京都大学卒業後、昭和51年住友銀行入行。経済企画庁出向、ハーバード大学留学を経て平成10年キャピタルマーケット部長、平成14年三井住友銀行香港支店長。三井住友銀行取締役兼副頭取執行役員、三井住友フィナンシャルグループ取締役を経て、平成25年SMBC日興証券代表取締役社長。平成28年より現職。

SMBC日興証券株式会社
代表取締役会長

久保　哲也

今後、社会で活躍する皆さんに読んで頂きたい名著です。

皆さんは海外の方から日本の歴史や文化について聞かれた時、どれだけ答えることができるでしょうか。ユダヤ人についてどれくらいご存知でしょうか。

本書は1970年の出版ですが、著者の豊かな学識と深い洞察力をもって著されたユダヤ人との対比による優れた日本人論であり、大人のmust read bookとして今でも筆頭に挙げたい本です。皆さんがどの職業に就いても折に触れ日本という国家や日本人という民族について考えさせられる事があるでしょう。世界はグローバル化が進み（これに反する動きもありますが）、世界の中の日本を考える機会が多くなっています。日本人はなぜ初詣に神社へ行きながら結婚式は教会で挙げたり、葬式は寺院で行ったりするのでしょうか。安全と水と自由がタダとなぜ思うのでしょうか。

日本の歴史、宗教、憲法など大人の常識として知っておくべきことを教えてくれる一冊です。私は学生時代に本書に出会い何度も愛読しています。仕事柄、海外の方とご一緒する機会が多く、金融業界だけでなくメディア、不動産、カジノなど様々な業界で活躍が目立つユダヤ人に高い関心を持っています。日本は資源乏しい島国国家です。これからの日本を背負ってゆく皆さんには内向きにならず世界とうまく付き合うにはどうしたら良いか考えてほしいと思います。そのためにもまず我々日本人はどういう民族なのか改めて考えてみてはどうでしょうか。

蒼き狼

井上 靖 著
新潮文庫

昭和28年生まれ。神奈川県出身。立教大学社会学部観光学科卒業後、昭和51年富士屋ホテル株式会社入社。企画開発部課長、総務部次長、湯本富士屋ホテル支配人を経て、平成12年富士屋ホテル株式会社取締役。平成14年同社専務取締役、平成16年代表取締役社長、平成22年取締役会長。平成26年より現職。

富士屋ホテル株式会社　代表取締役社長

勝俣　伸

本書は、モンゴル遊牧民の一部族の首長の子として生まれた鉄木真（テムジン）が、他民族と激しい闘争をくり返しながら、やがて全蒙古を統一し、成吉思汗（チンギスカン）となり、歴史上最も広大な大帝国を一代で築き上げるまでの波瀾に満ちた生涯を描く大作です。現在とは違い、世界の広さ、他国の文明など簡単に知る術のない時代、若年期より「蒼き狼」となることを決意し、それに向かって外に目を向け着実に目標を成し遂げていく様は、その壮大なスケールに圧倒されるだけでなく、何かに満ち足りていない自分にとって、崇高な目標を掲げ、すぐに取り掛かりたいという衝動にかられたものです。

強大な帝国を一代で築き上げる過程においては、組織の組成、規律の遵守、徹底した準備、若手の登用、適材適所の配置などビジネスの場にも共通する点が数多くあります。更には、将来を見据えて重責を与える点、能力、性格を見極め後継者に三男を指名する点など、上に立つ者としての言動についても、普遍的なものがあると感じました。

情報が溢れ、世界が身近になった現在、その情報の多岐化によって、正誤、善悪の判断基準が複雑化していると感じます。何かを判断するとき、実体験こそが最良の基準であり、その実体験を知識として補ってくれるものが書物であると思います。「座右の書」ほど、人生においてヒントを与えてくれるものは他にありません。是非とも一冊でも多くのそれを見つけてください。

超バカの壁

養老 孟司 著
新潮新書

昭和28年生まれ。東京都出身。國學院大學久我山高校を卒業後、東京理科大学に進学。昭和50年、國學院大學久我山高等学校に奉職。平成25年より國學院大學久我山中学高等学校10代の校長に就任、現在に至る。平成27年より学校法人國學院大學の理事、一般財団法人東京私立中学高等学校協会の理事も務める。

國學院大學久我山中学高等学校　校長

今井　寛人

学校現場において様々な問題に出会う日々。社会問題、教育問題に様々な疑問を感じることが多い。それらに答えを持っていても、本音で答えることには勇気が要る。この本の中で著者はその勇気を持って、痛快に語ってくれている。私自身の思いと一致するものは当然共感し、自分の背中を押してくれているように感じて心地よい。反対にこれはちょっとという思いにさせられる内容に出会ったとき、そのことに対して深く考えさせられる。日頃の疑問がこの本の中ですっきりしたこともあったし、逆に、この本と同時に「バカの壁」に出会っていたから人との出会いの中で感じるものも増えたことを伝えておきたい。ある日、タクシーの運転手さんが、「自分は生きるために働いているけど、世の中には自分に合う仕事に出会わないから働かずに生活保護を受けている人がいて腹が立つ。お客さんどう思う？」この会話に対する回答は、正解かどうかは別としてこの本の中にあった。

社会人として、変動の大きい世の中を生きていくとき、いろいろな疑問を持つことは学生時代とは比較できないほど多い。文部科学省は学校教育に「問題発見と問題解決能力を身に着ける」ことを要求している。当たり前のことであるが、その助けになるのは本だと思っている。多くの場合、ネット上に文章を載せている人より、勇気と責任を持って書いているからである。あなたの背中を押してくれる本、考えを深めてくれる良書との出会いを。

君たちはどう生きるか

吉野 源三郎 著
ポプラ社

昭和40年生まれ。京都府出身。京都工芸繊維大学大学院博士後期課程修了。平成元年に次期(46世)家元を継承し、平成27年池坊専好(四代)を襲名する。様々な機会に平和への祈りと献花を行い、「いのちをいかす」という池坊いけばなの精神に基づく多彩な活動を展開。また、アイスランド共和国名誉領事、紫雲山頂法寺副住職を務めている。

華道家元池坊　次期家元

池坊　専好

中学生の頃、母に勧められて読んだ一冊。

それ以来いろいろな折に手にとり、その都度心洗われる、初心に立ち戻るような気がしています。主人公は中学二年生のコペル君。コペル君とおじさんとのやりとり等平易な文章で書かれています。けれども青少年向きと限定することのできない普遍性に富んでいます。

「人はどのように生きていくのか」は誰もが出会う最も根源的なテーマであり、自分を知り、見つめることにも通じます。現在は自由な民主主義の中にあり、一方で私たちは様々な情報にさらされ、多くの選択肢があるがためにかえって迷う状況にあります。この本が書かれた時代背景とその中で書かれた意義とはまた異なる文脈で、けれども"自分らしさ"、"人が人らしく生きる"意味を考えなくてはならないのではないでしょうか。そして本著はその意味を問い直しているのではないでしょうか。

歴史や社会はその時代を生きる人々の意思によって創られていきます。そして一言でいう"人々"は一人一人の存在によって構成されています。この本は、私たち一人一人が自分の頭と心で考えることの重要性、各々の個性を尊び互いを思う心から生まれる調和、改めて人が生きるとはどういうことなのか、たくさんのヒントを示唆してくれているように思います。何より私にとっては母との時間を思い出す懐かしいよすがにもなっているのです。

歎異抄

金子 大栄　校注
岩波文庫

昭和24年生まれ。國學院大學神職養成講習会修了。昭和51年NSGグループ設立。翌年愛宕神社宮司に就任。NSGグループは大学院、大学、大学、専門学校、高校等の教育事業と、病院や福祉施設等の医療福祉事業を中核に、商社、建設業、ホテル、IT、飲食業等53法人で構成。アルビレックス新潟の初代社長を務め、人気チームに育てた。

NSGグループ　代表

池田　弘

歎異抄は親鸞の弟子唯円が、師の言葉をもとにその教えについて著したとされる古典です。私がこの本に出会ったのは高校生の時でした。代々続くお宮の家に生まれた私は、「神とはなんぞや」「人生をどう生きるか」について考え、様々な本を読み模索していました。

この本に「善人なをもて往生をとぐ、いはんや悪人をや。（善人でさえ浄土に往生できる。まして悪人はいうまでもない。）」という一節があります。様々な解釈がある一節ですが、決して悪を肯定するものではありません。どんなに清く正しく生きようと思っても、人間には様々な欲があり、生きていく中で大なり小なり罪を犯してしまうことがあるものです。しかし、それでも救われるというのです。

「聖人君子を見習って修養に努めなければいけない」という、当時の社会通念とは異なる価値観がそこにはありました。人間は本質的には素直で、善く生きたいと考えるものだと思います。しかし、知らず知らずに罪を犯してしまうものです。一つ一つを悔やんでいると、生きることが非常に辛くなってきます。自分の素直な心を大切に生きましょうということです。

情報化やグローバリゼーションの進展など変化の速度が非常に速く、また多様な価値観が混在する、ともすると進むべき方向を見失ってしまう混迷の時代です。そんな中で人生を切り開いていく皆さんに、歎異抄は人間の本質やいかに生きるべきかを改めて考えさせてくれると思います。

未来のスケッチ －経営で大切なことは旭山動物園にぜんぶある－

遠藤 功 著
あさ出版

昭和49年生まれ。兵庫県出身。東京学芸大学卒業後、パイオニア、ドリコム執行役員など経て、平成23年株式会社クラウドワークスを創業。翌年、日本最大級のクラウドソーシングサービス「クラウドワークス」を開始。「"働く"を通して人々に笑顔を」をミッションに事業を展開。平成26年東証マザーズ上場。平成28年一般社団法人新経済連盟理事に就任。

株式会社クラウドワークス
代表取締役社長 CEO

吉田　浩一郎

人口35万人の北海道旭川市にある廃園寸前だった動物園が、東京都の上野動物園と肩を並べる年間300万人という来園者数を達成。その全ては「14枚のスケッチ」から始まった。

大学までは単位や期間を他人に定められた生活ですが、社会に出ると常に自らで目標をたてなければ何が起きても他責になり、つまらない人生を送ることになります。この本は「『思い』こそすべての出発点である」として、その思いをスケッチで具象化し、20年かけて成長してきた姿が描かれており、あらゆる人にとって人生の道しるべになると思います。実際のスケッチでわくわくするだけでなく飼育動物数、来園者数などのデータもあり、経営の側面に触れることもできます。

今後の世界は人工知能が人の領域を侵食し、より人にしかできないことは何か、を考えていく必要があります。本書は、人にしかできない、わくわくする未来を想像し目標を立てることが学べる良書だと思います。

これからの社会は、国や企業の枠組みで守られる部分は弱くなる一方で、個人として稼ぐ方法や社会と繋がる方法はどんどん増えていくでしょう。重要なのは「私は何をしたいのか？」という固有の価値観です。その考えが無い人は、縮小していく既存の枠組みに頼るしかない閉塞感のある人生になりますが、自分の考えに沿って世界を選び、その判断の成否を自分の経験として積み重ねる人には無限の選択肢を持てる人生になると思います。

工場に生きる人々 −内側から描かれた労働者の実像−

中村 章 著
学陽書房

昭和30年生まれ。鹿児島県出身。東京大学大学院経済学研究科第二種博士課程単位取得修了。平成元年財団法人労働科学研究所研究員となり、平成4年國學院大學経済学部に就任。専門は労働経済論、日本経済論。地域や産業、企業の労働市場や労使関係、労務管理、労働組合に関する調査研究を通じて日本の経済社会の特質を探求している。

國學院大學　経済学部長・教授

橋元　秀一

経済社会にある格差や不公平さが許せなかった。この矛盾に充ちた現状をどうすれば打開できるのか、その道を探求したいと思った。しかし、確たる道は見えず、就職して実社会へ踏み出すこともできず、大学院へ進んだ。その頃、優れたルポタージュが次々と発表された。斉藤茂男氏の『わが亡きあとに洪水はきたれ！』や『飛び立ちかねつ鳥にしあらねば』などは代表的なものであろう。現代の労働現場の厳しさや貧困などを描いていた。これほど酷い社会をなぜ人々は肯定し受け容れているのか。愚かとしか思えなかった。

そんな時、『工場に生きる人々』に出会った。普通の人々が、どのような思いで日常の仕事と生活を担っているのかを、丹念に描いたものだった。そこに示された人々の日常の中で織り成されている喜びや悲しみ、さらにはやりがいと鬱屈。大学をやめ、工場で働く労働者として5年半過ごし観察した著者の生きざまに言葉もなかった。自分の思い上がりが、恥ずかしかった。現実を、それを支えている人々の姿や思いをあるがままに把握し分析できていないことを思い知らされた。

それ以来、調査研究は、ルポタージュや参与観察を超えられるのかと自分に問い続けている。経済を支える労使関係の実相から日本経済の歩みと現状を分析し、将来を展望する調査研究を志している。基盤を支え働く人々の思いや能力発揮のありように、自分はどこまで迫れているのか、自問させ続けてくれた一冊である。

歴史とは何か

E・H・カー 著
岩波新書

昭和30年生まれ。神奈川県出身。朝鮮大学歴史地理学部卒業。平成7年國學院大學久我山高校サッカー部コーチ就任、平成17年から同監督。全国高校サッカー選手権6回出場、平成21年ベスト8、全国高校総体（インターハイ）6回出場、平成12年には準優勝に導く。平成27年より現職。

FC琉球　総監督

李　　済　華

生涯を通じて何度も繰り返し読む「座右の書」というような本は私にはありません。面白そうだと思う本がみつかればどんなジャンルの本でも読みます。そして常に、どの本からも強い影響を受けてしまいます。私の欠点なのかもしれません。
教員時代、高校生を対象にとても微妙な政治的問題を含む「朝鮮現代史」を教えなくてはならなくなり、授業の進め方に非常に悩みました。「朝鮮現代史」は、20世紀初頭の1910年前後に始まり、1945年の朝鮮民族の独立、米ソ冷戦期を背景にした朝鮮戦争（1950～53年）、そして今日に至るまでの一政党の活動にスポットライトを当てた物語（ヒストリー）となっています。そこで私は、一政党の活動だけを集約的に見るのではなく多角的視点でとらえるために、世界史との関連の中で朝鮮史を探るアプローチをもって資料を集め、私なりの分析をしたいと思いました。その時巡りあったのが、この本でした。その他にも2冊、『歴史における個人の役割』（プレハーノフ著、岩波文庫）と『歴史の進歩とは何か』（市井三郎著、岩波新書）に巡り合い、何度も読み返し、ノートを取り、授業案を作成しました。そのおかげで自分なりに確信をもって授業を進めることができました。
『歴史とは何か』を中心としたこの3冊を合わせたものが、私にとっては最も熟読した「1冊」という位置づけです。歴史を読む基礎を築いてくれた本ということだけにとどまらず、すべての物事の本質を見なさいということを教えられました。

失敗の本質

戸部良一・寺本義也・鎌田伸一・杉之尾孝生・村井友秀・野中郁次郎
中公文庫

昭和27年生まれ。兵庫県芦屋市出身。カイロ大学卒業、アラビア語通訳者、ニュースキャスターを経て、平成4年政界へ転身。参議院議員、衆議院議員、総務政務次官、経済企画総括政務次官、環境大臣、内閣府特命担当大臣、防衛大臣、自由民主党広報本部長、自由民主党総務会長、都民ファーストの会代表、希望の党代表などを歴任し、平成28年より現職。

東京都知事

小池 百合子

私は30年以上続けている読書会を通じて、多くの本と出会ってきました。近頃では、仕事柄実用書や時事的な内容のものが多くなっていますが、それらは環境の変化や時代の流れにより大きく影響を受け、のちに意味を持たなくなるものもあります。

今回ご紹介する『失敗の本質』はそれらの本とは違い、私にとっては「不変である本」といえます。きっかけは40年以上前、ある人からの推薦によるものです。

この本には日本軍の作戦の問題点が、6人の専門家によって極めて学際的かつ客観的に記されています。何をどう間違えたのか。失敗には「楽観主義」「縦割り」「組織の硬直」などの共通点があり、環境の変化に合わせて自らの戦略や組織を主体的に変革することが出来なかった事こそ失敗の本質とされています。このことは今の社会や企業が抱える課題と全く同じで、今後の日本を考える上で非常に重要な点であると考えます。

明治維新のような激動の時代を乗り越えてきた私たち日本人は、与えられた環境の変化を取り入れる能力は優れていると考えています。しかし、環境の変化を作り出す、つまり主体的な変革が上手く出来ていないのかもしれません。

これからの日本を支えていく若者たちにはぜひ、過去の失敗から本質を見抜く力を学び、主体的に環境に対応できる人間になってほしいと願っています。そのためには「井の中の蛙」ではいけません。できるだけ外の世界に飛び出し、自らの手で対処し考える力を身につけて欲しいと願っています。

アンダーグラウンド

村上 春樹 著
講談社文庫

昭和34年生まれ。石川県出身。東京大学卒業後、昭和59年日本興業銀行(現・みずほ銀行)入行。みずほフィナンシャルグループ執行役員グループ企画部長、みずほ銀行常務執行役員投資銀行ユニット長兼証券・信託連携推進部担当役員、みずほ証券取締役社長などを歴任し、平成30年より現職。

株式会社みずほフィナンシャルグループ
執行役社長・グループCEO

坂井　辰史

この作品の題材である地下鉄サリン事件は1995年3月の出来事だ。この年は1月に阪神淡路大震災も発生した。バブル崩壊の後遺症を引きずった社会、そこへ大災害や理不尽な暴力が多くの痛みを残した。

作中、村上氏は数多くの被害者にインタビューし、この事件がそれぞれの人生にいかに大きな悲しみを与えたか丁寧に綴り、その深刻さを浮き彫りにしている。社会からやや距離を置いた村上氏の作風(デタッチメント)は、この作品で、より社会や現実に寄り添う形(コミットメント)へ転換したといわれている。私は、この作品で描かれる被害者やその家族の方々の姿を通じて、現実に向き合うことの切実さや重みを強く感じたことを覚えている。

村上春樹氏は高校が自分と同じであり、いくつかの作品の背景となる風土の重なりを感じる特別な作家だ。バブル前に社会人となり、その崩壊を肌に感じていた自分もこの年に受けた衝撃は忘れられない。この作品は、コミットメントの重要性を学んだ、私にとっての転換点ともなった作品である。

私は、高校、大学のころ哲学や思想など様々な本を新旧問わず乱読していました。大学では同人誌に参加し映画の評論などを書くなどしており、社長就任後も、読書は私にとって、非日常の世界に身を置ける大切な時間です。特に村上春樹氏の作品は、様々な葛藤や衝動を抱えながらも、最後は希望のうちに終わることが多く、これが日常に戻った時の活力の源泉となっていることから、私にとって特別な存在です。

永遠の0

百田 尚樹 著
太田出版

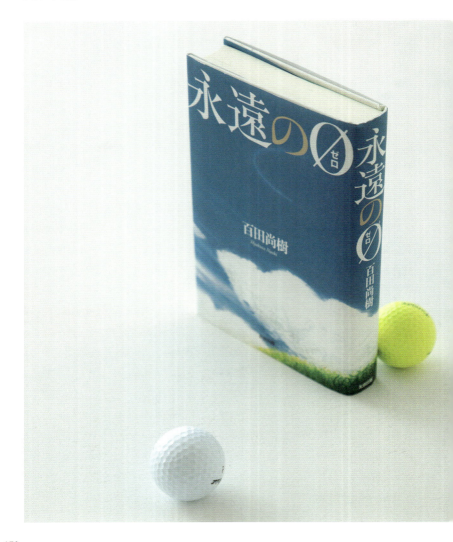

昭和29年生まれ。群馬県出身。10歳からゴルフを始め、18歳で日本アマチュアゴルフ選手権優勝。昭和50年プロ入りし、翌年日本ツアー初優勝。昭和57年賞金王となり、通算で4度の賞金王に輝く。全米プロゴルフ選手権で日本人ベストの3位に入るなど、メジャー4大会すべてでトップ10入り。シニアツアーも含め、史上初の日本タイトル7冠を達成。

プロゴルファー

中嶋　常幸

　私は生業がゴルフなので、ゴルフに詳しい方にはArnold Palmer自伝の『A Golfer's Life』やBobby Jones著の『Bobby Jones on Golf』などを推薦します。また、アメリカのメージャーリーグで球速162ｋｍを記録し、5,714奪三振を挙げたNolan Ryan著の『Nolan Ryan's Pitcher's Bible』は、ゴルフとは異分野ですが、トレーニング方法に関して参考書的に読んだことがあります。しかし、これらはその分野に興味がある人には薦められるが、多くの人にとってはあまり適切ではないかもしれません。

　ずばり、一冊を示すことは難しいです。本には良書悪書があり、私自身は様々な分野の本を紐解くこと自体が自らの糧になると考え、ジャンルを問わず読みます。

　例えば、三浦綾子の『氷点』や『塩狩峠』、浅田次郎の『終わらざる夏』、川端康成の『雪国』や『伊豆の踊り子』など。そのような幅広いジャンルを読む中で、印象深かったのが『永遠の0』です。戦後60年を経て、第二次世界大戦中の特攻隊員の真実を明らかにしようという、そこには人の苦悩、生き様が繊細に描かれており、登場人物の心に引き込まれる思いで読みました。

　本は、それが書かれた時代背景の中でそれぞれの意義があり、書き手もさることながら、読み手の立場によって受ける影響、意義などは異なります。そのため、絶対的な一冊として示すことは難しいのです。

　それでも、本を読むことは自らと向き合うとても大切な行為であると思いますので、まだ出会っていない一冊に巡りあうように、本の旅をして欲しいと願っております。

風姿花伝

世阿弥 著

PHP研究所

Photo : Satoshi Shigeta

平成13年から作家活動を開始。日本独自の感覚に立脚しながら物事の本質を問う作品を展開。骨董、現代アート、デザインなど既存のジャンルにとらわれない作品を制作している。平成29年3月には『蝙蝠』を出版。平成30年 SHISEIDO THE STORE のショーウィンドウのアートディレクターに就任。京都造形芸術大学客員教授。

美術作家

ミヤケ マイ

本と結婚は似ている。
タイミングが全てだ、と思っている。大概、今の自分が欲しているもの、理解できるものしか咀嚼できないようになっているが、本当に良い本は別だ。いつ読み返してもその年齢に相応しく読み込め、その状況に合ったなにかを得ることができる。私にとって『風姿花伝』はそういう本だ。「秘すれば花」という言葉を聞いた事があるかと思うが、その言葉は本書の一節であり、人に華が有るとか無いという表現の語源にもなっている。
学生時代に読んだ時は「自分は今偽りの花の時代なんだな」程度の読み込みだったと思う。確かに周りからは「若くていいわね」と持ち上げられたが、大した充実感、昂揚感もなく生きている私にはしっくりきた。本著は芸能の聖典としての位置付けだが、20代から50代まで各年代で年相応に生きるための指針と、生涯つきまとう「薔薇かパンか」という命題について、無形なものと有形なものとのバランスを人生でどう取るべきかをはっきりと指南してくれる書である。

本書を読んだ、もしくは読みたいけど、古語が苦手と思う人は現代語訳もでているのでそちらをお勧めします。先ほど少しふれた、花とは何か以外にも日本美術や文学につきまとう「幽玄」や「物まね」の話など、後世の様々なものに影響を与えた概念がここに記されてます。古典芸能の聖典などと構えると、敷居が高く感じてしまいますが、実は芸能、文学、美、愛、人生、ビジネス、スポーツの奥義の、今でいう元祖マニュアル本だといえます。

三屋清左衛門残日録

藤沢 周平 著
文春文庫

昭和53年生まれ。東京都出身。和光大学卒業。料理家である母・栗原はるみ氏の影響で、幼いころから料理を得意としており、自身も料理研究家の道を選んだ。雑誌やテレビで活躍し、平成24年からはテレビ東京「男子ごはん」にレギュラー出演。株式会社ゆとり空間の代表取締役社長として会社経営にも携わっている。

料理家

栗原　心平

僕がこの本を初めて読んだのは高校生の頃だったと思います。その当時は、まだ本のあらすじを理解するだけで、日本語の微細な表現の美しさに気付けませんでした。この度、改めて『三屋清左衛門残日録』を読んで、藤沢周平さんの言葉の素晴らしさ、きめ細やかさにも感動しました。

この本は、隠居した主人公・三屋清左衛門が過去を振り返りながら、これからの人生と向き合っていく様を描いたものです。隠居した当時は世間との隔たりを感じ、しばらくの間無為の日々を過ごしましたが、「これじゃいかん」と一念発起し自分を奮い立たせて前向きに生きていく様は非常に高潔で簡素。こういうところに昔の武士の心の美しさがあるような気がします。清左衛門は色々な事件に巻き込まれ、その都度過去に培った経験を駆使して解決していくのですが、切れ者と言われた要人でも、やはり過去に多少の後ろめたい事柄もあり、非常に人間味溢れた人物に描かれています。僕はこの本を改めて読んで、これまでの人生を振り返って、自分自身が誇れる生き方をしてきたかどうか……、後悔なく生きてきたかどうか……そんな事を考えさせられました。人は誰しも自分が楽な方向に進みがちです。でも、それだけでは何かを成し遂げる事はできません。常に挑戦し、苦手なことに率先して取り組む。そんな心持でいられたら良いなあと思います。

これから社会に出て行く皆さんには後悔なく、そして人として誇れる人生を送って欲しいと願い、この本を推薦させていただきます。

えーえんとくちから

笹井 宏之 著
PARCO出版

昭和55年生まれ。東京都出身。東洋大学卒業。8歳で子役デビューし、CMソング歌唱、映画・海外ドラマの吹替え、アニメ・ゲームに数多く出演する。ミュージカル「ダディ・ロング・レッグズ」ジルーシャ役で第38回菊田一夫演劇賞を受賞。平成30年1月にNEWシングル「CLEAR」を発表。歌手・声優・女優・エッセイスト・ラジオ等多方面で活動。

歌手・声優

坂本　真綾

私の仕事は、演じたり歌ったり、書いたり喋ったりすること。自由気ままな仕事と思われるかもしれませんが、他の職業と同じで、たくさんのルールがあり、守らねばなりません。芝居には決まったセリフがあって、演出家の指示に従います。音楽にはリズムやコードがあり、適当に歌ってもうまくいきません。締め切り、文字数、時間、いろんな制限だらけ。ときどき、そのルールに納得がいかなかったり、無視したいときもあるけど、でもどうしたらルールと自分の表現を両立できるか必死に考えます。すると最後には必ずたどり着けるのです、ルールの中の自由に。それは、ルールを無視したときの自由よりもずっと気持ちがよくて、かっこいいものです。その価値は大人になってわかるようになりました。

この本は、26歳の若さで亡くなった笹井宏之さんの短歌の作品集です。短歌について、私は詳しくありません。でも、この一冊に大変衝撃を受けました。五七五七七、この31文字の中にある、無限の広がり。短い一行を読み終えるときには、音や光や感触、景色、匂い、表情が、いくつも手渡されています。そして不思議なことに、二度目に読んだときには、また同じものが手渡されるとは限りません。後味が違うのです。もしかしたら、生きている時間が長ければ長いほど、ひとつの言葉からイメージできるものは増えていくのかもしれません。

31文字というルールの中に、これだけの自由、無限、面白さがある。若い人たちに自由の価値を伝えるのに、いい本だと思って選びました。

現代語訳　学問のすすめ

福澤 諭吉　著
ちくま新書

昭和51年生まれ。宮崎県出身。國學院大學文学部卒業。大学3年時に講道館杯全日本体重別選手権大会優勝。現役引退後、國學院大學柔道部の監督として指導にあたり、全日本学生体重別選手権大会優勝、ユニバーシアード優勝、全日本体重別団体優勝大会3位などの選手を輩出している。全日本強化コーチを経て、全日本男子強化委員としても活躍。

國學院大學　柔道部監督

坂本　大記

この本の存在は昔から知っていましたが、一万円札に載っている福澤諭吉が書いた本であると知っているだけで、内容を理解するまでにはいたっていませんでした。指導者としていろいろな知識を得ようと沢山の本を読んできましたが、『学問のすすめ』に出会ってからは、何か壁にぶつかり問題が起きたり悩んだりする時に、この本を手にするようになりました。この本が世に出たのは、明治の初期で、発売されるやたちまちベストセラーとなりました。その当時の社会に大きな影響を与え、明確な言葉で「これとこれが大事である。だからこうすべきだ」と告げたことで、日本人の向かうべき方向を示し、日本人の目指す道、心の有り様を明白にしてくれました。また、現代に至っても「民主主義とは」「国家とは」「人権とは」「学問とは」「品格とは」といった問題について考えるうえで、「基本とは何か」ということを教えてくれている名著といえます。

私の好きな言葉に「縁尋機妙　多逢聖因」（良い縁がさらに良い縁を尋ねて発展していく様は誠に妙なるものがある。よきものに出会い　よき人に出会い　よき本に出会う）という言葉があります。私は、リオオリンピック前まで、井上康生監督を支えるため全日本ジュニア世代のコーチをやっていました。ジュニア選手にも自分の足で、図書館や書店に行き、そこで出会う本を大事にするように伝えていました。パソコンで好きな本を検索し読むのもいいですが、足を運ぶ事で貴重な出会いが待っているかもしれません。

職業としての政治

マックス・ヴェーバー 著
岩波文庫

昭和26年生まれ。東京都出身。東京大学法学部卒業後、建設省(現・国土交通省)入省。千葉県警察本部交通部交通指導課長、茨城県企画部鉄道交通課長等を経て、平成6年建設省建設経済局建設業課紛争調整官にて退官。平成7年～19年岩手県知事、平成19年～20年総務大臣。

元総務大臣

増田　寛也

政治に関心を持つ学生は、政治家が備えるべき資質を明解に言い当てたマックス・ヴェーバーの『職業としての政治』に目を通してほしい。「政治家にとっては情熱、責任感、判断力の三つの資質がとくに重要である」とする彼の指摘は、多くの箇所で引用されている。さらに、「燃える情熱と冷静な判断力」の二つを一つの魂の中でしっかり結びつけ「冷静さを失わず現実をあるがままに受けとめる能力」が大切である、と説く。

ヴェーバーの提起した命題の一つに政治と行政の関係がある。彼は政治家と官僚の役割をはっきりと峻別した。官僚は、上司の間違っていると思われる命令であっても、命令者の責任において「あたかもそれが彼自身の信念に合致しているかのように──執行できることが名誉である」。これに対し「政治指導者は、自分の行為の責任を自分一人で負うところにあり、この責任を拒否したり転嫁したりすることはできない」。両者のこの違いから、彼は官僚が政治に関わることを厳しく批判した。

今後、わが国では、経済再生、財政再建、持続的な社会保障制度の構築など、かつて経験したことの無いほどの難局に直面する。政治家は、これらの課題から逃避することは許されない。「政治とは、情熱と判断力の二つを駆使しながら、堅い板に力をこめてじわっじわっと穴をくり貫いていく作業」であって、ポピュリズムを排し、国民が嫌うことであっても粘り強く説得しなければならない。これから政治を志す若者が、本書の末尾にあるように、「それにもかかわらず！」と自信をもって言い切れる政治家になることを願っている。

剣 客 商 売

池波 正太郎 著
新潮文庫

昭和44年生まれ。東京都出身。國學院大學経済学部卒業後、3年間米国のビジネススクールに留学し、平成8年株式会社フジテレビジョン入社。報道局報道センターで記者、ディレクターとしてニュース制作に携わる。平成19年より編成局、国際開発局にて海外事業に従事。平成29年から総合事業局コンテンツ活用推進部にてコンテンツビジネスを推進中。

株式会社フジテレビジョン
コンテンツ活用推進部　部長職

水口　圭

老中・田沼意次が治める江戸時代中期を舞台に、秋山小兵衛・大治郎父子が様々な事件に遭遇しながらも、得意の剣で立ち向かう。「鬼平犯科帳」シリーズよりも断然面白い。なんといっても、登場人物たちが生き生きとしている。難事件も「端倪すべからざる」洞察力でたちどころに解決してしまう老剣客、秋山小兵衛。私のヒーローであり、人生の師である。「何事も修行」と考える大治郎のストイックさに、女剣士・佐々木三冬の凛とした美しさに惚れ惚れする。御用聞きの弥七や子分の徳次郎それぞれの人生も味わい深い。そして孫のように年の離れた小兵衛の妻・おはる。私にとって永遠のマドンナだ。「イタリアのヴェニスのような水郷であった……」。200年前の江戸の情景が浮かびあがり、食通の小兵衛さんのウンチクで、江戸の食文化に想いを馳せる。読みきり短編集がメインのシリーズ。寝る前の一編で大江戸にタイムスリップするのが何よりの楽しみだ。

若者のみなさん、大学の4年間の過ごし方で人生の方向性が決まると思います。授業も大事だけど、何か一つ強烈に好奇心を掻き立てられるものに出会えたら、その気持ちを大切に打ち込んでください。自分にしかできない、自分しか知らない……そんなものを見つけましょう。そして、社会に出たらどの分野でもいいので、その道の一番を目指してください。派手な活躍は目指さなくてよいです。ゆっくりでもいいので、立ち止まらずに前進してください。「気がつけばその道の第一人者になっていた……」そんな人を目指してください。

土俵を走る殺意

小杉 健治 著
光文社文庫

昭和43年生まれ。青森県出身。現役時代、角界最小の身体ながら、「猫だまし」「八艘飛び」などファンを驚かせる数々の技をくりだし、"技のデパート"の異名をとる。技能賞を5回受賞。現在は、NHK大相撲解説者などを務めるほか、テレビ・ラジオなど幅広く活躍中。青森県鰺ヶ沢町の「ふるさと大使」。平成23年より近畿大学経営学部客員教授に就任。

NHK大相撲専属解説

舞の海秀平

この本の紹介文には、「大関大龍が横綱推挙を断る！！ 前代未聞の出来事の裏側にはどんな事情が！？ 不可解な無気力相撲」とある。大相撲のファンであれば「とんでもない事が起こる」と思うだろう。

そんな現実にはあり得ないような物語が展開していくが、読み進めていくうちに豊富な作者の大相撲知識や取材によりこれが現実的に感じてくる。

この小説の時代背景は高度経済成長時代で、集団就職や違法な職業斡旋など昭和30〜40年代の労働状況が分かる。それが事件にも大きく関わる。また現代社会の労働状況と実はあまり変わらない部分がある事にも気づく。長い大相撲史の昭和部分の一端もわかってくる。「夢があった」高度経済成長期という「光」。それを支える普通の人々と「影」の歴史。ミステリーとしても当然傑作であることは間違いない。大相撲、昭和の光と影、ミステリーを一つに味わえる作品だが、トリックよりは小杉作品の真骨頂である泣ける人間ドラマを味わえるであろう。

私としては是非とも映像化して欲しいのだが、映画「007は２度死ぬ」以来の日本相撲協会全面協力が無い限り難しいだろう。だからこそ、この本を読んで皆さんの頭の中で大いに映像化して欲しい。

私は学生の頃、相撲の稽古ばかりで読書とは無縁の生活をしてきました。
引退後、様々な書籍と出会うことにより自分という人間が耕されていくと感じました。もっと学生時代に読書をしておくべきだったと痛感しています。皆さんには沢山読書をして自分自身を耕して欲しい。その収穫で人生を実らせてください。

十二人の怒れる男

レジナルド・ローズ 著
劇書房

昭和27年生まれ。千葉県出身。早稲田大学法学部卒業。昭和56年弁護士登録。平成6年カリフォルニア大学バークレー校客員研究員、平成14年司法制度改革推進本部「裁判員制度・刑事検討会」委員、平成16年早稲田大学法科大学院客員教授、平成21年より國學院大學法科大学院教授。平成30年より同法学部教授。

弁護士

四宮 啓

この本は裁判の戯曲である。しかし舞台は法廷ではない。陪審員の評議室である。陪審裁判とは、無作為に選ばれた12人の市民が、被告人の有罪・無罪を判断する裁判制度である。

著者は、ニューヨークで自ら陪審員を経験した。「わたしの人生でわたしが演ずるべき役柄に関して、あれ程の感銘を受けたことはない」――そう感じた著者は、自身の経験に基づいてこの戯曲を書き上げた。

12人の登場人物は、普通の市民である。小心で他人の意見に振り回される男、野球のナイトゲームがあるので評議を早く終わらせたいと考える男、自分が育った環境を卑下している男、自分の家族関係を評議に投影してしまう男、そして正義を求めたいと願う主人公――。この物語の読者の中には、正義を求める主人公が偶々いたからこの結論になった、という感想を持つ人が多い。しかし読み進めるうち、それぞれの人物は自分の心の中にもいることに気付いていく。そして主人公のように他人のために正義を求める心も――。

この戯曲は、陪審制度の民主的本質と、陪審制度を持つアメリカの自由社会を、12人の登場人物を使って見事に描き切っている。この戯曲は、舞台や映画で演じられたが、映画は二度リメークされ、また日本でも三谷幸喜がオマージュとして「優しい日本人」を書いている。

日本でも陪審制度に似た裁判員制度が平成21年から始まっている。若者の皆さんも20歳になれば裁判員になる資格を得る。この本は、皆さんが裁判員になったとき、皆さんが「演ずるべき役割」はどうあるべきかを教えてくれるだろう。

ルリユールおじさん

いせ ひでこ 著
講談社

昭和41年生まれ。茨城県出身。日本女子大卒業後、平成元年東日本旅客鉄道株式会社入社。平成13年エキナカ事業を立ち上げ、平成17年「ecute」を運営するJR東日本ステーションリテイリング代表取締役社長就任。その後、地域活性化・子育て支援を担当し、平成27年より現職。国や行政の各種委員、社外取締役等を務める。

カルビー株式会社　上級執行役員

鎌田　由美子

産業革命から200年余り、現在はＡＩ等人工知能を活用した仕事や家電等が身の回りにも増えつつあります。なくなる仕事、新たに生まれる仕事、そのどちらも必然ですが、手仕事だからこそできる繊細さや仕事の奥深さもまた商品にとっての魅力です。
「ARBRES de SOPHIE」——ソフィーの木たち、というオリジナルの表紙。
「なんでもおしえてくれる　わたしの本。　わたしだけの本」
絵本の中からあふれるソフィーの嬉しさが伝わり、私もうきうきしました。
一人の職人が、見ず知らずの少女の人生に夢と未来をくれました。
スピードあふれる毎日、時間に追われながら仕事や私生活に埋没する中で、読書や手づくりのグラスでほっこりしながら飲むドリンク、肌触りに満足しながら身に着ける衣類に幸せを感じます。
新聞も書籍も、紙も電子版も併用する私ですが、絵本は紙に限ります。
作品の美しく、そして寒そうなパリの街並みに、訪れたときのカフェやミュージアムを思い出し、思いをはせながらページをめくるとき、自分も旅の途中にあるように感じます。
大人になるということは仕事を通じて多くの人に出会え、成長できるチャンスにあふれているということ。人とのつながりの中で人生が豊かになり、生きがいが生まれます。
自分の仕事が誰かの夢になり、役に立っている。
そんな思いで人生を生きられたら素敵だと思います。
「修復され、じょうぶに装丁されるたびに　本は、またあたらしいのちを生きる」
日常のなにげない出来事、そして仕事を通じて人の人生に影響を与えることができる、なんて素晴らしいのだろうと思いました。

悲劇の誕生

フリードリッヒ・ニーチェ 著

岩波文庫

昭和37年生まれ。東京都出身。東京大学大学院理学系研究科物理学専攻博士課程修了。理学博士。専門は脳科学、認知科学。ソニーコンピュータサイエンス研究所上級研究員。「クオリア」(感覚の持つ質感)をキーワードとして脳と心の関係を研究するとともに、文芸評論、美術評論にも取り組んでいる。平成17年『脳と仮想』で第4回小林秀雄賞を受賞。

脳科学者

茂木　健一郎

高校の時、この本を読んで、多大な影響を受けた。
ぜひオススメしたい。
この本は、「永劫回帰」などの思想で知られるニーチェの「デビュー作」であるが、同時に、普通の学者であることをやめるきっかけにもなった本である。
ニーチェは、大変優秀な若者で将来を嘱望されていたけれども、この本を書いたことで学者仲間から異端扱いされ、大学の授業にも学生が来なくなってしまったという。
しかし、独自の思想家としてのニーチェの歩みは、この一冊に始まる。それだけの「熱」を持った本である。
青春のさまざまなモヤモヤを抱えている人には、読んで欲しいと思う。
内容は、決してやさしくはない。古代ギリシャという時代が、「アポロ的」と「ディオニュソス的」という二つの傾向のせめぎ合いの中でさまざまな文化を生み出していったという話を、天才的なインスピレーションの下、流麗な文体で書いている。あまりにも発想が飛びすぎているから、学者仲間からは問題視されたのであろう。
ニーチェは他にもいろいろと作品があるが、一貫しているのは、周囲に容易に合わせず、自らの道を行く姿勢である。似たような精神性を持つ人ならば共感できるだろうし、そうでない人も、「ああ、こういう考え方もあるのか」と視野が広がるだろう。
音楽的なリズムもある本だから、今で言えばヒップホップとかラップのようなものかもしれない。
二度と戻って来ない学生時代。たまにはこれくらいの本を読まないと、大学に通っている意味はないくらいに思っている。

君の志は何か －超訳 言志四録－

前田 信弘 著

日本能率協会マネジメントセンター

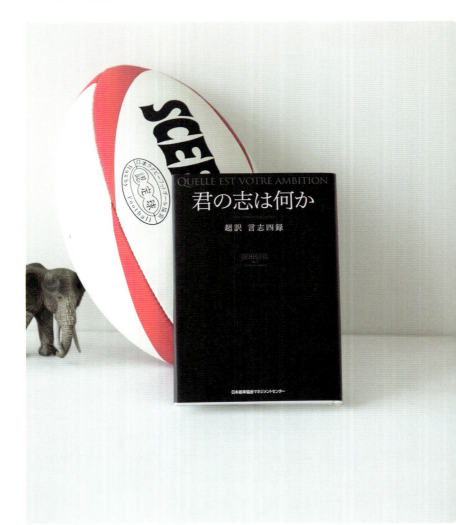

昭和50年生まれ。秋田県出身。専修大学卒業後、平成10年東芝府中（現・東芝ブレイブルーパス）に加入、中心選手として数々のタイトル獲得に貢献。日本代表選手としても活躍し、代表出場経験数を表すキャップ数は16。平成11年に現役を引退し、平成26年より國學院大學ラグビーフットボール部で指導にあたる。

國學院大學　ラグビーフットボール部監督

伊藤　護

私は、株式会社東芝に14年間在籍しておりました。入社より10年間、東芝ラグビー部に所属し、仕事とラグビーの両立をしておりました。スポーツの世界では「心技体」という言葉を大切にしておりますが、ビジネスの世界でも同様です。その「心」の言葉が最初に置かれる意味をラグビー部では常に考えさせられました。物事を行う前にまずは、志を立てる事の重要性と日々学びつづける事の大切さを教育されました。そこで出会った一冊が、幕末に活躍した吉田松陰・西郷隆盛・勝海舟などの著名人がこの書を愛し、西郷隆盛は終生の愛読書とされた江戸末期の儒学者・佐藤一斎先生の『言志四録』です。この書から私の志が教育された言葉があります。「一燈を下げて暗夜を行く。暗夜を憂うなかれ、只一燈を頼め」。ひとつの灯りを提げて暗い夜道を行く時、暗夜を嘆いても暗夜そのものを変えることはできない。私達にできるのは、自分が手にしている一灯を頼りにして、ひたすら前に進むことだけ。志によって進むべき道がはっきりすれば、自分の生き方に迷いや不安が消える事を教えてくれました。

若者の皆さんは現在、社会の大人へ進む為の準備期間であります。社会人になれば、いろんな人達との関わりや繋がりがビジネスを生む事を知ります。社会人で大切なのは、出会う方々と丁寧に向き合い、強い信頼関係を持って付き合っていく事と、年上年下関係無しに誰に対してもお互いリスペクト精神を持って接する事が重要課題となります。その為にも今以上に自分自身に対する人間力・志を磨く事も忘れずに学生生活を過ごしてみてはいかがでしょう。

林住期

五木 寛之 著
幻冬舎

昭和53年生まれ。大阪府出身。15歳でファッション誌『mc Sister』の専属モデルとなる。平成15年NHK連続ドラマ「帰ってきたロッカーの花子さん」で女優デビュー。ドラマや映画、バラエティ番組、CM、情報番組、ラジオなど多岐にわたって活躍している。著書『田丸麻紀の春夏秋冬1000コーディネート』。

タレント・女優

田丸 麻紀

古代インドでは、人生を4つの時期に区切ってそれぞれの生き方を示唆する四住期という考え方があり、人生の最初から順に、学生期、家住期、林住期、最後に遊住期としています。そしてそれぞれ25年を単位としてこの4つの時期のうち、学生期は青少年、家住期は社会人の時期として一般的には人生の黄金期と考えられてきました。しかし、著者は林住期、つまり50歳から75歳を人生のピークと考え、この時期を人間が真に人間らしく自らの生きがいを求めて生きる時期ではないかと述べています。重要かどうかではなく興味によって行動できたらとも述べています。

私がこの本と出会ったのは、番組で五木寛之さんの取材をした時にプレゼントしていただいたのです。気がつけばもう10年近く前になります。

この本は流れ進む人生に少し立ち止まりたい時や自分自身を俯瞰で感じたいときなど、節目節目の色んなタイミングで心に寄り添ってくれる存在となりました。歳を重ねていくことに不安がなくなり、かつ準備ができる、過去に対する思い返し方も変わる、人生を前にも後ろにも整理するときに、何度も読み返したくなる一冊でもあります。

ある意味、もっと早く、例えば10代の時にこの本に出逢えていたらよかったなと、10代の私、20代の私、30代と読むたびに同じ本でも、感じ方や学べることが違うだろうな、と思います。気がつけば音も立てず物凄い勢いで過ぎてしまう日々。そこに計画というイメージをもてるだけで道しるべとなってくれることでしょう。

『林住期』は人生を整理して進むための教科書的な存在になる一冊かと思います。そして、今を充実して生きるヒントを得られるのではないでしょうか。

モリー先生との火曜日

ミッチ・アルボム　著
NHK出版

昭和36年生まれ。東京都出身。早稲田大学卒業後、昭和60年株式会社電通に入社。平成23年独立し株式会社ツナグ設立。現在は広告コミュニケーションの他、「さとなおオープンラボ」「さとなおリレー塾」「4th(コミュニティ)」などを主催。『明日の広告』『明日のプランニング』など著書多数。最新刊は『ファンベース』（ちくま新書）。

コミュニケーション・ディレクター

佐藤　尚之

「今日なのかな、小鳥さん？　今日かい？」
いつからだろう、毎朝目が覚めたらすぐ、ベッドの上で呪文のようにこの言葉を唱え、窓の外を見る。風で揺れる木や空を行く雲を見る。そして自問する。用意はいいか？ するべきことをすべてやっているか？ なりたいと思う人間になっているか？
これは『モリー先生との火曜日』というノンフィクションの中に出てくる言葉で、著者の先生であるモリー・シュワルツが言ったもの。モリー先生は難病にかかり死の床についている。あと数ヶ月の命。そういう状況の中、彼はベッド上でかつての教え子である著者に最後の講義をするのである。「死とは」「恐れとは」「老いとは」「家族とは」「人生の意味とは」など、「死を目の前にしたからこそ学び取れた数々の真実」を説いていく。
「いずれ死ぬことを認めて、いつ死んでもいいように準備すること。そうしてこそ、生きている間、はるかに真剣に人生に取り組むことができる。」
これは「死について」と書かれている章の彼の発言だ。
彼は「毎日の死の準備」の仕方としてこのようなやり方を提案する。
「仏教徒みたいにやればいい。毎日小鳥を肩に停まらせ、こう質問させるんだ。『今日がその日か？ 用意はいいか？ するべきことをすべてやっているか？ なりたいと思う人間になっているか？』」
そして、肩に停まらせた仮想の小鳥に向かって、冒頭の言葉を吐くのである。
ボクは毎朝この言葉をリマインドして、自分だけの「たぶんたった一回の人生」を楽しむために今日できることはすべてやろう、と確認して、ベッドを出るのである。
どうでしょう。この「小鳥さん方式」。みなさんもお試しになってはいかがでしょうか？

道をひらく

松下 幸之助 著

ＰＨＰ研究所

平成4年生まれ。東京都出身。目白大学社会学部卒業。2歳のとき国立劇場大劇場にて初舞台「金太郎」「チューリップ」を披露。平成22年、18歳で五月千和加を継承、平成25年日本舞踊五月流三代目家元を襲名。平成28年書道師範取得。現在は、五月流の運営、門弟への指導に加え、メディアを通じての活動も行っている。

日本舞踊五月流家元
五月　千和加

この本は雑誌『ＰＨＰ』に掲載されたエッセイをまとめたものであるが、私、五月千和加が人の上に立つ仕事に若くしてつかなければならない時に心の支え、背中を押してくれた大切なお言葉が沢山詰まった作品である。特に私がこの本をおススメする理由は、私もとても悩み今現在もなかなか難しい人間関係。どのような仕事、状況でも地球上に生まれている人間である限り、生涯付いて回ってくる皆に与えられた平等の悩みの種ではないだろうか。
この本を読むと、自分も完璧ではないということ、何かの形で誰もが誰かの世話になっていること、感謝をわすれてはいけないことを考えさせられる。
この先、私たちが上を向いてすこしずつ成長すればするほどお互いの方向性が分かれるためもつれる可能性がある。それはそれだけ人に囲まれて生きているという証だから。人間だから落ち込むこともある、泣くこともある、そういう日があっても当然だが、是非次の日には笑顔で前向きにまた一つ大きくなって欲しい。
ネガティブになっても何も変わらない。人を変えさせるためにはまず自分を変えることから始める。自分の生きる道、与えられた運命を素直に受け入れて、自分に何ができるか、どうしたら周りが幸せになるか。それに向けて精進すると必ず自分に返ってくる。私はこの本を何度も読んでそう悟った。
松下幸之助さんも初めから社長ではない、社長になってからも孤独や葛藤などその立場にしか味わえない苦悩はある。ではなぜ松下さんがここまでの方になったか、そのことはこの本に書いてある。そしてこれらの言葉はきっと万人の心の支えになると私は確信している。

「空気」の研究

山本 七平 著
文春文庫

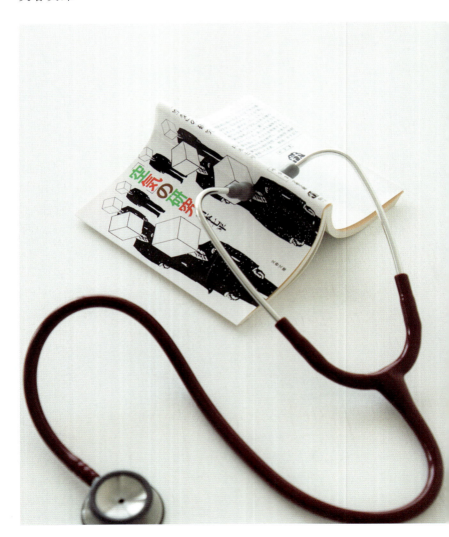

昭和32年生まれ。東京都出身。東京医科歯科大学医学部卒業後、諏訪中央病院へ赴任。30代で院長となり、病院の再建や健康づくり運動の実践を通して、長野県を長寿日本一へと変えた。平成3年からはベラルーシ共和国の放射能汚染地帯への医師団派遣(JCF)や、イラクの小児病院支援、難民キャンプでの診察(JIM-NET)など、海外での活動も続けている。

医師

鎌田　實

40年前に出版された本だ。日本は、戦争に勝てないことをわかっていながら、アメリカとの戦争を始めた。戦争の最後には、護衛戦闘機のほとんどを失っていたのに、「一億総特攻」と言って戦艦大和を沖縄へ向けて出撃させた。現在のお金に換算すると4兆円といわれるモンスターのような巨大戦艦が、潜水艦の魚雷や空からの爆撃で戦果を上げることなく撃沈された。約3千名の若者が命を落とした。

全部空気だ。空気に負けて、間違った決断をした。日本人は空気に染まりやすい。同調圧力に弱い。山本七平は、戦後の日本も相変わらず空気に支配されていると危惧している。

「空気とはまことに大きな絶対権を持つ妖怪である。」「民主主義とは、統一の一形態であって、それ自体の中に克服すべきさまざまの欠陥を含む。」

そのとおりなのだ。パーフェクトではない。今ぼくたちの国の民主主義は、瀬戸際にあるように思う。一人一人が、自由で自立して考える人間にならないと、空気に支配されてしまう。それがこの『「空気」の研究』でよくわかる。

山本七平の『「空気」の研究』から、ぼくは『空気は読まない』という本を書いた。今年上梓した『人間の値打ち』、『忖度バカ』という新しい本も、山本七平の考えに影響を受けて書いている。

「力の強いものに支配されていないか」「思い込みや偏見に支配されていないか」と、いつも自らに問いただす様にしている。若い人達に期待しています。空気に流されず、人の顔色を伺ったり忖度しすぎたりしないで、自分の意見を持ち、自分らしく生きられる人間になってください。

国境の南、太陽の西

村上 春樹 著
講談社

平成21年EXILEにパフォーマーとして加入。平成28年からEXILE THE SECONDとして活動。グループ活動と並行し、書籍『REMEMBER SCREEN』を発売し、自身のプロジェクト「たちばな書店」を立ち上げ、月刊EXILE、EXILE Mobileで展開中。平成30年2月からEXILE6か月連続配信、秋に全国ドームツアー開催予定。

EXILE／EXILE THE SECOND
橘　　ケンチ

人間は、本能的に渇望しているものを追い求めていく生き物なんだ、というテーマに心から共感した小説です。常に乾いていて、そこに何かしらの潤いを求める――そうした人間の"性質"が描かれていて、夢中になって一気に読み終えた一冊でした。30歳を過ぎて、ジャズを流すバーをはじめた主人公「僕」のところに、かつて好きだった女性が現れて……という物語ですが、ここに書かれている恋愛はもちろんのこと、仕事であっても、人は自然と沸き起こる衝動に突き動かされるものなのだと思います。

僕は10代後半、学生時代にダンスをはじめて、それから15年以上、踊りつづけています。学生のころは、それこそダンス漬けで、まさに本能的に楽しく踊っていました。その後、社会人になると誰でも、人のために動くとか、自我を捨てて奉仕するといった努力をしていくと思うのですが、やっぱり自分が楽しんでいないと何も伝わらない、ということに一周して戻ってくる気がするんです。自分が追い求めるものと、周りの人を幸せにしていくことが、直接リンクしていくあり方こそが一番の幸福だと、いまの僕は感じています。

この小説には、「ヒステリア・シベリアナ」という、シベリアの農夫がかかる病気について触れられる箇所があります。毎日畑を耕しているうち、ある日、鋤(すき)を放り出し、すべてを投げ出して、何があるのかわからない"太陽の西"の方角へ歩き出す……それはやはり、人間の本能なのだと思うのです。本当に、見事な比喩ですよね。

そして、学生時代というのは、そうした自分の心の向かう先を、思う存分に追及できる時間です。その積み重ねがあるからこそ、30代になったときに、人間的な奥行きも出てくる。日々を思う存分楽しみ、謳歌できる多感な時期の若者に、ぜひ読んでみてほしい一冊です。

モ モ

ミヒャエル・エンデ 著

岩波書店

昭和44年生まれ。大阪府出身。奈良女子大学大学院修士課程修了後、ライフデザイン研究所(現・第一生命経済研究所)に入社。現在は主席研究員。博士(人間科学)。専門は生活設計論、死生学、葬送問題。著書に『<ひとり死>時代のお葬式とお墓』『だれが墓を守るのか』『今から知っておきたいお葬式とお墓45のこと』『ひとり終活』ほか多数。

第一生命研究所主席研究員

小谷 みどり

　私は民間シンクタンクで、生きること、生活することについて、社会学の観点から研究しています。社会が変われば、人々の意識やライフスタイルは多様化します。近い将来、社会に出ていく若者に私が伝えたいのは、世の中がどう変化しようとも、自分がどう生きたいか常に考え、変化に適応できる能力を身につけていただきたいということです。

　私たちは、日々、生活資源を活用しながら生活しています。生活資源というと、食料や水、エネルギーなどを想像するかもしれませんが、家族や友人・先生などまわりの人、モノやお金、情報、時間、感情などを指します。そのなかでみんなに平等にあって、しかもとても大切なのは、時間です。友人がいなくても、お金がなくても、喜怒哀楽などの感情がなくても、私たちは生きていけるかもしれませんが、時間がなくなることは死を意味します。

　時間の大切さを教えてくれる小説に、ミヒャエル・エンデの『モモ』があります。児童文学に分類されていますが、実は大学生などの若者にこそ、読んでいただきたい本です。エンデは、あとがきで、「時間をはかるにはカレンダーや時計がありますが、はかってみたところであまり意味はありません。というのは、だれでも知っているとおり、その時間にどんなことがあったかによって、わずか一時間でも永遠の長さに感じられることもあれば、ほんの一瞬と思えることもあるからです。なぜなら時間とは、生きるということ、そのものだからです。そして人のいのちは心を住みかとしているからです。」と書いています。

　平等に与えられた時間を自分はどう使って人生を生きるのか。この本を読む時間は、これからの人生を考えていただく上で、無駄にはならないと私は思います。

生きがいの創造

飯田 史彦 著
PHP文庫

昭和50年生まれ。栃木県出身。宇都宮学園高校(現・文星芸大附屬)、國學院大學で選手として活躍。卒業後は國學院大學硬式野球部コーチ、修徳高校野球部監督時代を経て、平成22年國學院大學硬式野球部監督に就任。就任後わずか3か月で挑んだ東都大学野球1部リーグでは、國學院大學初の1部リーグ優勝を果たした。

國學院大學　硬式野球部監督

鳥山　泰孝

本を読んでいる時間は、作者であるその人を独占している時間です。実際に会って話をしたり、聞いたりする事が難しい人と、本を通じて対話する事ができます。

私も本を通じて、著名な方や、歴史上の人物など数多くの人達と「対話」してきました。

若者は、若いうちにどれだけの事を「考え」、「経験するか」、「読書をするか」がその後の人生に大きな影響を与えます。

私は読書をするようになったのは、大学時代からでした。高校時代は読書をする習慣がなく、初めは字数の多い難しそうな本は避け、自分が興味のある分野の余白の多い本からスタートしました。野球関連の本からのスタートでした。

飯田史彦さん著の『生きがいの創造』という本に出会い、自分がなぜ生まれてきたのかという事への理解が生まれ、それまでマイナス思考が原因で、頻繁に胃の痛みを感じていた事が嘘のようになくなりました。

また、指導者の立場となった今は、リーダーシップ論を説く、ジョン・C・マクスウェルの本を多く読んでいます。数多くある著書の中でも『これからのリーダーが「志すべきこと」を教えよう』はリーダーに必要とされる「21の法則」を分かりやすく解説してくれています。

大学時代で最も大切な事は、数多くの刺激を受ける事です。読書する事も、刺激を受ける大きなチャンスになります。大事な事は読み始める事です。途中でつまらなくなったら読むのをやめて構いません。本当に面白い本や、その時のあなたに必要な本なら、読むのが止まらなくなります。途中で読みたくなくなる本は、その時のあなたとは波長が合わなかったり、必要性が低かったという事です。

読むのが止まらなくなってしまう本と出会える事を楽しみに、まずは1ページ目を開いてみてください。あなたの人生に彩りを与えてくれるはずです。

折口信夫全集 1　古代研究（国文学篇）

折口　信夫　著

中央公論社

昭和35年生まれ。福岡県出身。國學院大學大学院文学研究科博士課程後期単位満期退学。文学博士(文学)。専攻は日本古代文学、特に「万葉集」研究で知られ、歌の内容から飛鳥・奈良時代の生活情報を読み取る。数多くの講演や万葉ウォークイベント、ラジオ講義を行い、著書に『魂の古代学─問い続ける折口信夫』『万葉集から古代を読みとく』ほか。

奈良大学　教授

上野　誠

　もし私が大学生で、もし折口信夫先生に逢えたら、どんな質問をするか、考えてみよう。
　私は、問いかける。マレビトって何ですかと。すると、先生は、それはお客のことだよと答えるだろう。するとまた、私は問いかける。そのお客さんが、日本文化とどう関わるのですか、と。たぶん、折口先生は、こう答えるのではなかろうか──。
　「お客さんが家にやって来るとするだろう。そうすると、おいしいお茶を出さなくてはならないよね。そうそう、おいしいお料理もね。絵も飾らなくてはならないか。花も活けねば。しかし、一番大切なことは、客と楽しく話すことさ。そうすれば、主人も客も幸福になれる。
　ちょっと考えてみてくれないか。日本の芸道・芸術というものは、すべてここから生まれていると思わないかい。茶道も、華道も、絵だって。日本の芸道・芸術というものは、客をもてなすところから来たんだよ。私は、日本文学も、マレビトと主人の問答から生まれたと考えているんだがね。」
　ここだけの話だが、私は大学浪人もしているし、大学院浪人もしている。だから、心のどこかに、卑屈なところがある。青春の蹉跌だ。卑屈な気持ちになった時に思い出す古典がある。その古典には、こう書いてあった。弟子が聞く、貧しく身分が低くても、媚びへつらうことのない生き方、身分が高く、富める者となっても、奢らない生き方は、すばらしいではありませんか、と。ところが、先生はこう言った。「まあ、ギリギリの合格だなあ。誉められたもんじゃねえなあ。」先生の答えはこうだ。「貧しかったら貧しさを楽しみ、富める者となっても礼を好む生き方の方が上じゃないのか。」つまり、ここで先生は、人生を積極的に生きることを勧めているのだ。『論語』学而第一の一節だ。
　大学院の入試に落ちて、キャンパスをとぼとぼと歩いている時に声を掛けてくれる人がいた。ひとこと「俺も落ちたんだよ」と言って去っていった人がいる。そのひとことがうれしかった。民俗学の坪井洋文先生だった。三十年も昔の話だが……。
　そして、今、今日の國學院大學の学問の基礎を作った折口信夫先生のことを思い起す。

217

モ モ

ミヒャエル・エンデ　著

岩波少年文庫

昭和61年生まれ、東京都出身。国内外の映画やドラマを中心に活動し、平成26年主演映画「水の声を聞く」で第29回高崎映画祭最優秀新進女優賞を受賞。平成29年ソウル国際ドラマアワード アジアスター賞を受賞。日本語、英語、韓国語の3か国語を流暢に話すトライリンガル。

女優

玄 理

『モモ』、『星の王子様』、そして『魔女の宅急便』。私が小学生のとき最も好きだった3冊です。モモになりたかったし、『星の王子様』に出てくるバラと王子様の関係に憧れたし、黒猫のジジのような相棒が欲しいと思っていました。

さて、どうして幼い頃の自分がモモになりたかったのか。

とあるなんてことのない街の廃墟に、不思議な女の子が住みつきました。身寄りのなかった彼女はやがてこの街にとってなくてはならない存在になります。彼女には特技がありました。それは「人の話を聞く」こと。すこぶる賢いアドバイスをする訳でも、代わりに問題を解決してくれる訳でもありません。モモにただ話を聞いてもらうだけで、街の人々の心は軽くなりました。

子供心に、聞く人と話す人のバランスが取れていないなと感じていたんだと思います。世の中話したい人が多すぎて、会話をしていてもキャッチボールになっていない。そんな光景をよく目にしますよね。俳優という仕事についてからもインタビュー等で言葉を発することの方が圧倒的に多くて、しかもそれが自分の意図した通りに届かないことも多い。「口は禍の元」と言いますが、なんてことのない発言で誰かを傷つけたり怒らせたりすることだってある。

そんな中、最近J-WAVEでラジオ番組を始めるようになりました。3時間の生放送なので緊張は半端ではないですが、多種多様なゲストの方々が毎週来てくださいます。人の話を聴くのは楽しい……そんな些細なことを再確認させてくれる場でした。だから最近、『モモ』のことを折に触れては思い返します。

相手に心を開いて欲しかったら、自分のことを話すより相手の話を聞くこと……正解はわかりませんが、私がこれまでの人生で、そして小説『モモ』から学んだことです。

みなさんも、もし大事にしたい人が現れたらモモのようにその人の話にまず耳を傾けてみてください。自分を過剰な言葉で説明するよりもずっと深くその人と繋がれるのではないでしょうか。

夢をかなえるゾウ

水野 敬也 著
飛鳥新社

昭和60年生まれ。埼玉県出身。中学3年のときメキシコ五輪メダリストの父・義行氏の指導のもと重量挙げを始め、全日本選手権優勝や日本記録樹立など数々の成績を残す。女子48kg級および53kg級の日本記録保持者。五輪は4回出場し、平成24年ロンドン大会では銀メダル、平成28年リオデジャネイロ大会では銅メダルを獲得した。

ウェイトリフティング選手

三宅　宏実

私は、幼い頃は本を読む習慣はありませんでした。成長するにつれ、ウェイトリフティングという競技を通じて取材を受けるようになり、自分の思いをうまく表現できない語彙力不足に悩むことがありました。そんなときに読書好きの母親に薦められて本を読むようになりました。メンタルトレーニングに関する本やコミュニケーションについての本、あるいは小説にいたるまで様々なジャンルの本を読みました。

アテネ五輪、北京五輪の二度、オリンピックに出場しましたが、自分なりに満足のいく結果が出せずにいたなかで、何かを変えなければならないと考え出会ったのがこの本でした。この『夢をかなえるゾウ』はドラマ化もされたので多くの人が知っているかもしれませんが、笑いあり、涙ありで子供から大人まで成長させてくれる一冊だと思います。この本を読んで大事だと思ったことは書いてあることを実際に行動にうつすことです。私もこの本を読んで、募金活動など今までやっていなかったことを実践してみました。自分の世界が広がり、新しい体験をすることで成長できたところがあると思います。

私は、本を読むようになって人生が変わったと思っています。自分がそれまで知らなかったことがわかるようになり、視野が広がり、そのおかげで人間性も良い意味で変われると感じるようになりました。今でも時間を作り、本屋さんに足を運ぶようにしています。困ったときに、本には様々なヒントが詰まっていますし、誰かの言葉は悩んだときに勇気を与えてくれるからです。電子書籍もよいのですが、紙の本を手に取ってめくる作業や線引きができる紙の本で読書することが好きです。

コーヒーを飲みながら本を読むことは私にとって大切なリラックスの時間です。独りになり、考える時間を作ることにもなります。そして、今までとは違うことを知ることができます。夢や目標に立ち向かうためには、そんな知らなかった世界を知ることで強い自分を生み出すことができると思うので、これからもたくさんのいろいろな分野の本を読み、様々なことにチャレンジしていきたいと思っています。

吉本隆明詩全集5 −定本詩集 転位のための十篇−

吉本 隆明 著
思潮社

昭和25年生まれ。静岡県出身。慶應義塾大学法学部卒業後、昭和50年角川書店に入社。『野性時代』副編集長、『月刊カドカワ』編集長を務めた後、平成5年に退社し、幻冬舎を設立。石原慎太郎『弟』、五木寛之『大河の一滴』、天童荒太『永遠の仔』、村上龍『13歳のハローワーク』、渡辺和子『置かれた場所で咲きなさい』など22冊のミリオンセラーを刊行。

株式会社幻冬舎 代表取締役社長

見城　徹

学生時代に大学の生協で手にしてから48年。僕は今、『吉本隆明詩集』を7冊持っていて、寝室やトイレ、風呂場、リビング、書斎などに置いていつでも読めるようにしている。
その中の『転位のための十篇』という十本の詩は、今でも週に一回は読み返していて、すでに全篇暗記してしまっているのに、読むたびに涙が溢れる。
本の帯に「孤独な暗闘が美しいイメージと比類ない繊細さで歌い上げた精神の弁証法」とある通り、この詩には極限状態で国家と対峙する個体の心情が、切ないまでに美しく綴られている。吉本隆明は命と引き換えに革命を起こそうとする。しかもそれは、自分のためだけでなく、割の合わない困窮を受け止めている、自分以外の人たちのためでもある。しかし、革命を通じて守ろうとした人々は、吉本を理解しない。吉本が存在する共同体の人々は、吉本の戦いに疲労した物腰で薄ら笑いを浮かべる。そんな孤独な戦いの最中で謳われたのが、『転位のための十篇』だ。
実は僕は、学生時代には革命運動に明け暮れていたのだが、途中でリタイアした。結局、僕は現実の踏み絵を踏み抜くことができなかったのだ。奥平剛士のようにテルアビブの空港で銃を乱射し、自分も蜂の巣になって死んでいくことはできなかった。現実の試練に晒されない観念や思想など、それは絵空事でしかない。現実の踏み絵を踏み抜けるか否か、それのみが思想の価値を決定する。踏み抜けなければ、観念や思想など捨てるべきだ。吉本の詩には、無数の敵のど真ん中に出て行く精神の苦闘が、美しい旋律となって刻まれている。
僕は退却したが、吉本の孤独な暗闘は自分の身体に焼き付いている。吉本の戦いに比べたら、自分のビジネスの戦いなど些細なものだ。命を取られるほどではない。邪道な読み方かもしれないが、ビジネスで何か大きな決断をしなければいけないとき、不可能だと思われる戦いに挑むときにこの詩を読むと、僕は真っ暗闇の中に突っ込んで行くことができる。
これが僕のバイブル。不可能だと思えることに決然と挑もうとしている人が読んでくれたらいい。

私とは何か －「個人」から「分人」へ－

平野 啓一郎 著
講談社現代新書

平成元年生まれ。米国カリフォルニア州出身。國學院高校卒業後、青山学院大学に進学。平成21年度ミス青山学院大学グランプリ。「グッド!モーニング」(テレビ朝日)、「新・情報7daysニュースキャスター」(TBS)、「世界ナゼそこに?日本人」(テレビ東京)、「所さんお届けモノです!」(MBS)などのテレビ出演の他、ラジオパーソナリティーも務める。

キャスター

新井　恵理那

　この本には、「分人」という捉え方が綴られています。それは端的にいうと、一人の人間は複数に「分けられる」存在であるということ。たとえば、両親との分人、恋人との分人、親友との分人、職場での分人……といったように関わる相手それぞれに対した自分、つまり「分人」が存在する、という理論なのです。誰に対して、どう振る舞うのか。

　わたしに2011年の大学4年生のはじめからフリーアナウンサーとして活動していますが、毎週、ルーティンで務めている仕事での共演者やスタッフ、あるいは、単発の番組や取材先で初対面する人など、数々の仕事で多くの人に接する中で、そのことを常に考えさせられます。

　わたしがこの本と出会ったのは、大学を卒業し、社会人としてフリーアナウンサーの仕事をするようになってから3年目の頃でした。様々なジャンルからゲストをお迎えする番組を担当することになり、毎回、初めてお会いする方ばかり。その度に、自分のあり方がブレているように感じて、どう振る舞えばいいのかわからなくなっていました。

　そんな悩みを抱えていた時、この本の「分人」という考え方を知りました。相手によって自分が変わることは当たり前のこと。ひとりひとり個性を持った相手に合わせたコミュニケーションを取ることで、様々な感情が生まれ、より複雑なコミュニケーションにも対応できるようになっていく。それによって、より奥行きのある人間になれる、というのです。

　それまで自分のあるべき姿を模索して一貫した理想の自分に縛りつけようとしていたわたしは、あらゆる自分の側面を認めて許すことができるようになり、とても気持ちが軽く楽になったのです。本当の自分とは何者なのか。どうあるべきなのか。

　思えば、わたしたちは受験や就職活動など人生の転機が訪れる度に、自分を見つめ直し、その問題に直面させられてきたように感じます。

　あらゆる分野で"コミュニケーション"が特に求められることとして挙げられる社会で、わたしと同じように悩んでいる方や他人とのコミュニケーションの向上を願う方に、ぜひ一度手に取ってもらいたい一冊です。

いつか別れる。
でもそれは今日ではない
F 著
KADOKAWA

©AKS

平成4年生まれ。神奈川県出身。平成21年AKB48第六回研究生(9期生)オーディションに合格。平成22年正規メンバーに昇格、平成23年に結成されたチーム4に配属され、キャプテンとなる。平成25年よりSKE48と兼任、平成26年には完全移籍し、平成27年にチームKⅡリーダーに就任。愛称は「みなるん」。

SKE48 チームKⅡリーダー

大場 美奈

10代の頃は、与えられたステージに見合うアイドルになれるように、とにかく無我夢中で仕事をしていました。しかし、20歳を過ぎて仕事にも慣れてきたころ、大学生として過ごしている同年代の方々と比べて、取り残されているような感覚を持つようになりました。得られるはずだった知識を得られていなかったと自覚し、そこからいろんなことに興味を持つようになりました。

その中でも特に興味を持ったものが、人との意見の違いについてです。友人との会話や周りの方々との会話の中で、どうしてそんな風に言うのだろう、どうしてそういう方向に行ってしまうのだろう、と疑問を抱くことが多くなったのです。その疑問を解決するには、自分以外の方の考え方を知らなければなりません。それも、私の性格を知り、私に見合った返しをしてくれるような方の考えではなく、私を全く知らない方の考えでないとだめだと思い、私とは全く関係のない方が考えていることに興味を持つようになりました。そんな方々の考え方に触れられるのが、本であり、読書でした。

仕事の都合上、どうしても休日が少なくなってしまうので、自由な時間もできるだけ仕事のためになることをしたいと考えています。例えば9時から17時の仕事だったとしても、その中で最高のパフォーマンスができる準備を、それ以外の時間にできる限りしておきたいです。読書もその一つで、どうせ読むなら自分の本当に読みたい本を読みたいと考えていて、何かいい本はないかと探していた時に出会ったのがこの本でした。

この本は、日常のあらゆる場面に対して俯瞰した見方をしていて、何パターンもの解釈が書いてあります。例えば、人を嫌いになるということに対しても、その嫌いになる出来事をしてしまうかわいそうな人だな、と許せる人間にならなければならないなど、少し冷静な考え方が書いてあります。人との意見の違いに悩んでいた私ですが、この本を読んで、こういう見方もあるのかと新しい視点に触れることができました。この本を読まれる皆さんには、大学生活にしても、就職活動にしても、いろんな視点で俯瞰して考えられるようになっていただき、自分が本当に納得のいくまでとことん突き詰めた人生の選択をしてほしいです。

弱いつながり

東 浩紀 著

幻冬舎

昭和51年生まれ。栃木県出身。國學院大學栃木高校から國學院大學へ進学し、新日鐵君津に入社。平成12年シドニー五輪野球日本代表、同年千葉ロッテマリーンズ入団。WBC日本代表に選出されるなど活躍した。平成25年メジャーリーグ、ベネズエラウィンターリーグなどを経て、平成27年より新日鉄住金かずさマジックでコーチ兼投手として活躍。

元プロ野球選手

渡辺　俊介

3年前、単身渡米し、メジャーリーグに挑戦していましたが契約を結ぶには厳しい状況でした。その時に私に残された選択肢の中で最も可能性を広げてくれるのは、中南米ウィンターリーグに参加しスカウトにアピールすること。代理人を通してオファーが届いたのはその中でも最も環境が悪いと評判のベネズエラの首都カラカスのチーム。スペイン語は全くわからない。インターネットで検索しても出てくるのは悪い情報ばかり。これがラストチャンスになるだろうと覚悟し行くことはもう心に決めていたのですが、出国前から不安な気持ちばかり増えていました。

そんな時に離島で暮らす友人から紹介されたのがこの本。

帯に書かれていたのは、「グーグルが予測できない言葉を手に入れよ!」。つい先日まで初めての外国暮らしをしてきたばかりの私は、その意味がすぐに理解出来ました。インターネットでなんでもすぐに検索できる社会。しかし気がつくといつの間にか周りの皆と同じ情報ばかりを調べている。渡米中、英語の苦手な私はスマートフォン片手に四苦八苦していました。知らない英単語で検索をする、日本の状況を英語のニュースで知らされる、日本で馴染みの食べ物を海外のサイトで検索する。たったそれだけのことでも日本では興味すら沸かなかった情報に全く違う一面があったことに驚き、新しい刺激を受ける。自分の環境が、場所が、知らないどこかに移った時に手に入る、この言葉。

そして読み進めていくと、知らない所には実際にその環境に行ってみないと、今の自分の予測できる言葉で検索した情報が、その場に行ってからの自分にとっても正しい情報ではないかもしれないのだと気づかされる。それは実際にベネズエラに入国してから、日本語ではいくら検索しても知らなかった素晴らしい方々があまりにも多かったことで私の中では証明されました。

日本語で書けない国の事情や都合もあったりなんだりかんだり……。そしてたった数ヶ月の滞在期間で知り合った人達との情報の共有は今も続き、同じ日本のニュースも海外からの目線で考察する機会に恵まれています。もちろん治安や情勢が悪化した場所に行くことはお勧めできません。私はたまたま運が良かったのかもしれません。しかし、日本人がほとんど住んでいない環境ですごしたことは結果として現在の私に他とは違う経験を持った人という武器を与えてくれました。そして日本という国はやっぱり素晴らしい国なのだと再認識できます。旅を、観光を、移動をしましょう、と呼びかけてくるそんな一冊です。

100歳だからこそ、伝えたいこと

塩谷 信男 著

サンマーク出版

昭和50年生まれ。横浜市出身。4歳でテニスをはじめ、17歳でプロデビュー。WTA（女子テニス協会）の自己最高ランキングはシングルス8位、ダブルス1位（日本人選手初）。グランドスラムのシングルスでは連続出場62回という女子世界記録を樹立。ダブルスでは3度優勝。オリンピック4度出場。平成21年引退後はスポーツコメンテーターとして活躍。

元プロテニスプレーヤー

杉山　愛

この本と出会ったのは、20代半ばのスランプに陥っていた頃です。試合でなかなか力を出せず、どうしたら自分の力を100％発揮できるようになるのか、試行錯誤しているとき書店で偶然手に取りました。どこかにヒントがあるのではないかと様々な本を読んでいたなかで、一番自分に合っていると思えるものでした。ここに書かれていることは、端的に言うと、呼吸法と物事の捉え方についてです。常に前向きに物事を捉える、感謝の気持ちを忘れない、愚痴をこぼさない、という誰にでもできるけれど、いざ実践するとなると難しいことが考え方のベースにあり、そのうえで実際に物事が達成したことをイメージしながら深く呼吸をします。それを朝晩30分ずつ毎日行うことで徐々に力を出せるようになっていきました。瞑想や座禅など、自分と対話をする方法は人それぞれかと思いますが、私にとってはこの呼吸法が合っていたようです。

世の中には自分の力ではどうにもならないことがあります。テニスで言えば、試合当日の天候や対戦相手などがそうです。しかし、自分自身の精神状態や感情は自分でコントロールできます。自分でコントロールできる範囲のことをいかにコントロールしていくかが力の差につながるのだと思います。私はこの本からパフォーマンスの出し方、自分との向き合い方に大きなヒントを得ることができ、人生を左右する一冊になりました。

いい本に出会えると自分の抽斗が増やされ、財産となります。10年、20年前にはひとつのエンターテイメントであった本ですが、今は他にもスマホ等の選択肢がたくさんあり、情報を入手するスピードも量も増しています。利点がある一方、「自分とは何か」という肝心なところが分かっていないと、情報に流されてしまうのではないでしょうか。やりたいことがわからない、目標がみつからない、そんな人こそ、いいな、おもしろそうだな、と思うことに敏感になり、今しかできないことを思い切り楽しんでほしいと思います。楽しんでいるうちに、自分の好きなこと、興味のあることに出会え、それが仕事になったり趣味が更に広がったりすることで人生が豊かになることでしょう。たまには本を読みながら、どんな大人になりたいか、どんな仕事をするのが自分らしいのか、どんな生き方をするか、考えてみてはいかがでしょうか。意外と楽しいものですよ。

使える弁証法

田坂 広志 著
東洋経済新報社

昭和22年福岡県生まれ。昭和46年早稲田大学理工学部卒業後、東京急行電鉄入社。東急不動産出向などを経て、平成13年事業戦略推進本部メディア事業室長、平成16年イッツ・コミュニケーションズ社長、平成19年東京急行電鉄取締役、平成20年専務などを経て、平成23年代表取締役社長、平成27年より東急グループ代表も務める。平成30年より現職。

東京急行電鉄株式会社　代表取締役会長

野本　弘文

　哲学的な考えとはいつも、物事の「本質」を見抜く必要性を説いている。私は弁証法について詳しく知っているわけでも、哲学を真剣に学んでいたわけでもないが、この「本質」を見抜くという考えを、若い頃から非常に大事にしている。本書は、その考えの裏付けとなる1冊である。

　この「本質」を見抜くということは、仕事を進めるうえでとても重要なことである。日頃から社員にも言っていることだが、「正しくやる」ことと「正しいことをやる」ことは違う。言われたことだけを「正しくやる」人になってしまうと、いざその人が上に立った時に決断ができず、部下に指示ができなくなってしまうのである。「本質」を理解していれば、正しい判断ができ、「正しいこと」ができるようになる。また、「本質」を追求しようとすれば、もっといい方法があるだろう、もっと何か本当の姿があるだろうと、深く考えることができ、自らの判断基準を高めることができるのである。

　では、「本質」を見抜くためにはどうしたらよいのか。それには素直さと行動力から得られる経験が必要である。この本の中にも書いてあることだが、「正」「反」「合」という考えがある。自分の考え、他人の考え、その両方を素直に取り込んで、さらに新しいものへと進化させるというものだ。この考えのように、他人の言うことを素直に聞き入れ、新しい考えを想像していく。失敗やリスクも想像する。そして、その想像をもとに行動することで、経験を得られる。その経験の積み重ねを糧に、「本質」を見抜いていくのである。私も、学生時代に50以上のアルバイトを経験したが、その時にも、「何のために、なぜ、もし」を繰り返し、なぜこうするのか、してはいけないのか、と疑問に思っては、行動に移したりしていたものである。もちろん、良い経験だけではなく、悪い経験も沢山したが、その経験が社会に出てからも確実に活きている。

　何が本当に正しいのか、常識とは何か。それは何も仕事に関わる話だけではない。プライベートにおいても、常に何が本来あるべき姿なのかを見極め、判断していく必要があるのだ。ぜひ若いうちにこの本を読んでいただき、物事の「本質」を見抜く癖を身につけていただきたい。

だれも知らない小さな国

佐藤 さとる 著
講談社文庫

©山口宏之

昭和47年生まれ。高知県出身。平成15年『塩の街』で電撃小説(大賞)を受賞し、翌年デビュー。「図書館戦争」「三匹のおっさん」シリーズをはじめ、『阪急電車』『フリーター、家を買う。』『植物図鑑』『空飛ぶ広報室』『旅猫リポート』『だれもが知ってる小さな国』、初エッセイ集『倒れるときは前のめり』など著書多数。

作家

有川　浩

この本を読んだことがなくても、コロボックルという言葉は知っている方が多いのではないでしょうか。今でこそコロボックルの名前は私たちの社会に定着していますが、実はこの不思議な小人の存在を「物語」という形で現代に蘇らせたのは、佐藤さとるさんです。佐藤さんがコロボックルシリーズを著すまで、コロボックルという存在はアイヌの旧い伝承の中に永い間眠っていました。

外国には小人の伝説や物語がたくさんあるのに、日本にはない。日本にも日本生まれの魅力的な小人が存在していてほしい。そう思った佐藤さんが多くの文献を探し回り、やっと見つけ出したのがコロボックルだったのです。

日本にも小人がいた！　その喜びが一頁一頁、一字一字からあふれ出してくるかのような第一作です。

児童書でしょ？　と思う人にこそ読んでほしい。小人なんかただのお話でしょ？　と思う人にこそ読んでほしい。大人が読んでも「コロボックルって実はどこかにいるんじゃないか？」と思えるほど、佐藤さんはコロボックルを緻密に考証・検証し、息づかせています。その生活の工夫や習俗の数々まで。

そのコロボックルのシリーズを、私は佐藤さんから引き継ぐことになりました。

第一作が書かれたのは昭和30年代です。ですが、佐藤さんの発掘したコロボックルという愛すべき存在を、時の流れにただ委ねてまた眠らせてしまってはいけない。そう思った私は、お会いしたときにこんなことを言いました。

「未来の子供たちにもコロボックルがずっと寄り添っていてほしいです。海外に作者が代替わりしながら書き繋がれているSFのシリーズなどがありますが、コロボックルもそんなふうに未来に渡っていけたら素敵ですね。」

すると佐藤さんは仰ったのです。

「じゃあ、有川さんが書いてよ。」

本が読まれなくなったと言われる昨今、世の中には様々な娯楽があふれています。本はアナログな娯楽かもしれません。しかし、そのアナログな娯楽が、こんなふうに未来に向かってジャンプする力を持っているのです。

未来へ渡る本の世界を自由に遊び、泳ぎ回れたら、きっと自分の中に種が蒔かれます。いつか芽を出し、育ちます。それは花かもしれません。木かもしれません。読んだ本から自分にどんな植物が育つか、一生楽しめる気の長い遊びです。

さて、私がお預かりしたコロボックルですが、佐藤さんがお元気な間に、引き継ぎ第一作をお目に掛けることができました。

コロボックルが未来に渡るためには、私が生きている間に、更に次世代の書き手に引き継がれることが必要です。

果たしてそれが叶うかどうか？　それを見守っていただくことも、本という気の長い遊びに数えていただければ幸いです。

ボクの音楽武者修行

小澤 征爾 著
新潮文庫

Photo : Kazuhiro Fujita

昭和51年生まれ。愛知県出身。慶應義塾大学卒業後、青山ブックセンターなどを経て、平成17年選書集団・BACH設立。選書、編集、執筆、企画、ディストリビューション、展覧会のキュレーションなど、本をツールに幅広い分野で活動。主な仕事はJAPAN HOUSE São Paulo、国立新美術館ミュージアムショップ、他多数。

ブックディレクター
幅　允孝

今では世界中の誰もが知る指揮者としてマエストロと呼ばれる小澤征爾さん。この本は24歳だった彼が単身欧州に渡り、2年半後にニューヨーク・フィルの副指揮者に就任するまでを語る自伝的エッセイです。

今でこそ 毎年留学経験者は身近に何人もいる時代ですが、彼が日本を飛び出した1959年はパスポートを取るだけでもひと苦労。しかも、小澤家は決して裕福だったわけでもなく、成城学園という「坊ちゃん学校」へ入学したものの学期末には学費未納者として掲示板に張り出される始末。そんな彼が卑屈になることなく、健やかに指揮者の夢を追いかけることができた理由がこの本を読めばわかるはずです。

「歯磨、歯ブラシ、フランス語の字引き、日記帳、シャツ、パンツ」。たったそれだけを鞄に詰め込み、大陸での移動用にと借りた125ccのスクーターにまたがった彼は東京を発ち、神戸港に向かいます。そう、高額だった飛行機で欧州に渡る余裕などあるはずもなく、マエストロは貨物船で世界に飛び出したのです。たった3人に見送られた貨物船淡路山丸は、フィリピン、シンガポール、インドなど各国を経由。最終的には63日かけてフランスのマルセイユ港に到着します。そんな旅の途中に感じた様々なことを、短い書簡で紹介する本書ですが、とにかく印象的なのが小澤征爾さんの屈託のない好奇心です。

「まったく知らなかったものを知る、見る、ということは、実に妙な感じがするもので、ぼくはそのたびにシリと背中の間の所がゾクゾクしちまう」と彼はいっています。「シリと背中の間のゾクゾク」はかなり独特ないいまわしですが、つまるところ世界の全てを新しい視点で包みこもうとする彼独自の博愛主義とオープンマインド。なんとも惚れ惚れしてしまう姿勢です。また、そんな小澤的博愛主義を貫いていると、言葉など通じずとも人が集まり、決定的な出会いがいくつも生まれるところが驚きです。欧州上陸後は、白いヘルメットにギターを担ぎ日の丸をつけたスクーターにまたがって様々な場所を巡るのですが、物珍しさに多くの人が彼に声を掛けます。そんな時も「ぼくのフランス語はとんでもなく下手だが、不思議なことに、たいていのフランス人には通じる。これには驚いた。向こうがよほどカンがいいのかもしれない。」などといって楽観的な彼は、孤独な旅路でひとりずつ味方を増やしていくのです。自身が世界に対してひらいていけば、世界もひらいてその人を迎え入れるのですね。

この本の前半部分のハイライトとしては、ブザンソンでの「棒振り」コンクールが挙げられます。指揮者修行の一環にとエントリーしたこの大会で、彼は1位を獲得。これによってプロの指揮者としてのスタート地点に立つのですが、言葉がうまく通じない環境下で小澤さんが何を心掛けたかというと「五体でぶつかる」ことでした。音楽という分野はどうしても耳や脳など「あたま」で究めていくものだと思われがちですが、彼は指揮をとてもフィジカルな行為として捉えています。「柔軟で鋭敏で、エネルギッシュな体」をつくり、言葉や理論ではなく体全体で音楽を伝えることが、的確にオーケストラを動かすことになるとマエストロは直感でわかっていたのです。

考える前に跳ぶ勇気と、健やかな体。どんな仕事や生き方をするにしても、この本に描かれる小澤さんの姿は読者の背中を押してくれると思います。

おわりに

本書のタイトルでもある「みちのきち」。初めて目にする方は何を想像されたでしょうか。どのように発音されたでしょうか。道、未知、路、軌、途……。「みち」と読む漢字は実にたくさんあります。みなさんの想像した漢字、イメージをお聞きしてみたいところですが、私たちは「みちのきち」この5文字のひらがなに、学生をはじめ次世代を担う方々に、読書をとおして「未知」を「既知」に変えてほしい、「道(人生)」の迷いに向き合う「基地」を見つけてほしい、いつまでも好奇心を持ち続け、幅広い知識と経験を糧に「機知」に富んだ会話のできる大人になってほしい、そのような想いを込めました。

大人になること、これも私たちが大切に考えているテーマです。

大人とは一体なんでしょう。どのような人を大人と呼ぶのでしょう。法律で定められた年齢？ 社会人になったら？ 一人暮らしができたら？ お酒がおいしいと思えるようになったら？ 答えは、きっと人それぞれなのではないかと思います。

この『みちのきち 私の一冊』では、若い方たちが人生の道標となるような本と出会い、理想とする大人の姿を見つけることを願い、多種多様分野の

第一線で活躍されている「大人」の方々に、ご自身の座右の書ともいうべき一冊を紹介していただきました。

本を読まなくても大人にはなれるかもしれません。ですが、こうして寄稿していただいてみて、やはり「素敵な大人」になるには読書が重要な役割を果たしているのだと、改めて感じるのです。

スマホひとつで世界中の情報が一瞬にして手に入り、小学生がタブレット端末で学習するこの時代ですが、私たちは「本の力」を信じています。

本を手に取り、頁をめくり、栞を挟んで一休みしつつ、他の本にも手を伸ばす。本を読んでいるときの紙の手触り、匂いや音、感じるものすべてがその本の一部となり、記憶に刻まれていく。この積み重ねが、想像力や感性に磨きをかけ、素敵な大人へと導いてくれるのだと、109人の方々と読書との関わりかたを知るほど、そう思い至りました。

皆様の文章からは、自分で考え行動すること、これも本を読むことと同様に大切なことだと気づかされます。読書はいわば栄養であり、よりよく生きていくには、蓄えた栄養をどう活用するかが問われます。寄稿してくださったの

は、自ら人生を切り拓いてきた方ばかりです。その皆様がどのように本を読み、どのようにそれを活かしてきたのか。なかには同じ本を推薦してくださった方々もいらっしゃいましたが、捉え方や活かし方はそれぞれ異なっていました。それは恐らく、本を「読む」だけでなく、自身の経験に基づいた解釈をしているからだろうと思います。行き詰まったときや、迷いが生じたとき、偶然手に取った本にヒントを得て、今でも折に触れてその本を読む、何度も読んでいるのに読むたびに新鮮な気持ちになる、そう仰る方も一人ではありませんでした。

それこそが「本の力」であると思うのです。文と文、言葉と言葉の間、文字には表れていない行間に、書き手の思いが込められており、読み手の経験が反映されます。生まれ育った環境、生きてきた時間の長さ、経験してきたことなどによって変化していく想像力や発想力が、行間の読み方も変えていくのです。

良い本を手にしたときのことを、「出会う」と表現する方も多いのではないかと思います。それは、本が単なる「モノ」ではなく、国、時代、年齢、あらゆる

枠を超え、時には友となり、あるいは師となり自身を支えてくれる存在だからであり、意図せず手に取った一冊が人生の転機ともなるような助言を与えてくれることがあるからではないでしょうか。

大学生をはじめとする若い世代の方に、読書の面白さを再発見してほしいとの思いから始まったこの企画ですが、結果として年代を問わず、幅広い方々にお届けしたい一冊になりました。未知を既知に変える喜びも、人生の迷いも、若者だけのものではありません。むしろ、社会経験を積むほど重要な判断を迫られ、拠り所が必要となる機会が増えます。100人を超える方々からの文章は、その方と本との出会いを知ることができるとともに、私たちに出会いのきっかけを作ってくださいました。皆様からの言葉には、力強さや厳しさ、さりげない優しさがあり、生きることの楽しさ、真摯であること、挑み続けることを思い出させてくれます。

日々世界はめまぐるしく変化し価値観はますます多様化していますが、これから大人になる方も、すでに大人になった方も、一人でも多くの方が本書との出会いを契機として自分だけの「みちのきち」を発見され、豊かで実りある人生を歩まれることが私たちの願いです。

本書に込めた想い

お気づきでしょうか。本書は頁が進むにつれ文字数が増え、それに伴い字が小さくなっています。寄稿をお願いするにあたり、読書への思いや伝えたいことを自由に表現していただきたいと思い、字数の下限は設けませんでした。文字を読むことが得意ではなくても、最初から読んでいたら気が付かないうちに文字の小さな頁まで進んでいた、となることを期待し、構成しました。これを機に文章を読むことが少しでも楽しいものになったら、とてもうれしく思います。

もちろん、目次や索引から読みたい頁を見つけ、途中から読んでも構いません。また、本書を通して気になった本や人物に出会うことができたら、その本を読んでみる。紹介している方について調べてみる。さらに、紹介されている本の著者の他の作品も読んでみる。など、本書から次々と新しい「出会い」が生まれることを願っています。

ちなみに、一般的に読むことが難しいと思われる漢字にも敢えてルビは付しませんでした。分からない漢字や言葉は、ぜひ調べてみてください。これも「みちのきち」です。

そして、もう一度表紙をご覧ください。中央に配した四角いくぼみ。「大人」の方は馴染みのある大きさかもしれません。これは、名刺をイメージしました。「大人」になると「私はこういうものです」と名刺を差し出す機会が増えます。名刺は「大人」への入り口のようにも思えます。また、本書はたくさんの方にご自身にとって大切な本を「これが私の一冊です」と紹介していただいたことからもこのようなデザインにしました。

ほかにも、本書には作成した人たちの想いが随所に込められています。私たちからの「贈り物」として受け取っていただきたいと考えながら作りました。作成した私たちも、普段何気なく手に取っている本には、実にたくさんの想いが込められているのだということに気づかされ、もっと本が好きになりました。本書を手に取った皆様も同じように思っていただけたら、これに勝るよろこびはありません。

「みちのきち」について

本書のなかに「國學院」という単語が何度か出てきました。「みちのきち」は平成29年4月に東京都渋谷区にある國學院大學につくった大きな本棚です。「みちのきち」に込めた思いは「おわりに」でふれたとおりです。近くにお越しになることがありましたら、どうぞお立ち寄りください。

御礼

本書の出版にあたっては、たくさんの方から善意をいただきました。

まずは、寄稿してくださった皆様。企画の趣旨に賛同していただき、ご多忙の合間を縫って寄稿をいただきましたことに改めて御礼申し上げます。出版に至るまでには予想外の困難に行き当たることが何度もありましたが、無事に刊行できましたのは、ひとえに皆様からの文章が何より私たちの励みとなったためです。この文章をたくさんの方に届けたいという思いは、全てを乗り越える力となりました。当初は若者へのメッセージとして寄稿を依頼しましたが、皆様からの想いのこもった文章の数々は世代を超えて多くの人の心の支えになるものと思います。

そして、全く面識のない方に寄稿をお願いするに際し、ご尽力いただきました皆様にも心より御礼申し上げます。皆様がつないでくださった縁がこのような素敵な一冊になりました。

最後に、「みちのきち」の企画当初からお世話になっているBACHの幅様、西尾様、サポーズの谷尻様、6Dの木住野様、榊様、写真家の木寺様。この度の出版にあたっても私たちの想いを形にしていただき、本当にありがとうございました。また、図書印刷の皆様、弘文堂の外山様、無理難題を笑顔で引き受けてくださり心強かったです。皆様のお力添えなくして、この本の完成はありえませんでした。ご尽力に深く感謝いたします。

かくも多くの方々に支えられ本書は完成しました。本書が、手に取っていただいた皆様の「私の一冊」になることができましたら幸いです。

平成30年4月1日　みちのきちプロジェクト一同

索　引

紹介者名索引
書名索引

紹介者名索引

あ行

<ruby>赤井 益久<rt>あかい ますひさ</rt></ruby> ——— 70

<ruby>アニマル浜口<rt>あにまるはまぐち</rt></ruby> ——— 44

<ruby>新井 恵理那<rt>あらい えりな</rt></ruby> ——— 224

<ruby>嵐山 光三郎<rt>あらしやま こうざぶろう</rt></ruby> ——— 152

<ruby>有川 浩<rt>ありかわ ひろ</rt></ruby> ——— 234

<ruby>池井戸 潤<rt>いけいど じゅん</rt></ruby> ——— 14

<ruby>池上 彰<rt>いけがみ あきら</rt></ruby> ——— 12

<ruby>池田 弘<rt>いけだ ひろし</rt></ruby> ——— 162

<ruby>池坊 専好<rt>いけのぼう せんこう</rt></ruby> ——— 160

<ruby>石井 幹子<rt>いしい もとこ</rt></ruby> ——— 140

<ruby>石川 則夫<rt>いしかわ のりお</rt></ruby> ——— 130

<ruby>伊藤 護<rt>いとう まもる</rt></ruby> ——— 198

<ruby>井上 洋一<rt>いのうえ よういち</rt></ruby> ——— 106

<ruby>今井 寛人<rt>いまい ひろと</rt></ruby> ——— 158

<ruby>岩古 良春<rt>いわこ よしはる</rt></ruby> ——— 52

<ruby>岩下 尚史<rt>いわした ひさふみ</rt></ruby> ——— 80

<ruby>上野 誠<rt>うえの まこと</rt></ruby> ——— 216

<ruby>江幡 哲也<rt>えばだ てつや</rt></ruby> ——— 60

<ruby>大塚 朝之<rt>おおつか ともゆき</rt></ruby> ——— 144

<ruby>大場 美奈<rt>おおば みな</rt></ruby> ——— 226

<ruby>尾賀 真城<rt>おが まさき</rt></ruby> ——— 38

か行

<ruby>勝俣 伸<rt>かつまた しん</rt></ruby> ——— 156

<ruby>門広 乃里子<rt>かどひろ のりこ</rt></ruby> ——— 48

<ruby>鎌田 實<rt>かまた みのる</rt></ruby> ——— 206

<ruby>鎌田 由美子<rt>かまだ ゆみこ</rt></ruby> ——— 194

<ruby>川勝 平太<rt>かわかつ へいた</rt></ruby> ——— 96

<ruby>木住野 彰悟<rt>きしの しょうご</rt></ruby> ——— 30

<ruby>木村 宗慎<rt>きむら そうしん</rt></ruby> ——— 74

<ruby>久保 哲也<rt>くぼ てつや</rt></ruby> ——— 154

<ruby>久保田 るり子<rt>くぼた るりこ</rt></ruby> ——— 104

<ruby>栗原 心平<rt>くりはら しんぺい</rt></ruby> ——— 180

<ruby>黒岩 祐治<rt>くろいわ ゆうじ</rt></ruby> ——— 148

けんじょう とおる
見城 徹 ———————— 222

こいけ ゆりこ
小池 百合子 ———————— 172

こが のぶゆき
古賀 信行 ———————— 138

こじま けいこ
小島 慶子 ———————— 20

こたに まさかつ
小谷 正勝 ———————— 86

こたに みどり
小谷 みどり ———————— 212

ごとう まさゆき
後藤 正幸 ———————— 62

こみやま まこと
小宮山 誠 ———————— 58

こんどう ようこ
近藤 ようこ ———————— 28

さ行 ————————————

さかい たつふみ
坂井 辰史 ———————— 174

さかもと だいき
坂本 大記 ———————— 184

さかもと まあや
坂本 真綾 ———————— 182

さくらい よしこ
櫻井 よしこ ———————— 92

ささき つねお
佐々木 常夫 ———————— 26

さつき せんわか
五月 千和加 ———————— 204

さとう なおゆき
佐藤 尚之 ———————— 202

さとう やすみつ
佐藤 康光 ———————— 34

さなぎ しょうぞう
佐柳 正三 ———————— 136

さんゆうていかるた
三遊亭歌る多 ———————— 16

しのみや さとる
四宮 啓 ———————— 192

すぎやま あい
杉山 愛 ———————— 230

すずき ちなみ
鈴木 ちなみ ———————— 24

すてぃーぶん せあ
スティーブン セア ——— 146

せきの よしはる
関野 吉晴 ———————— 110

た行 ————————————

たかしま まこと
髙島 誠 ———————— 90

たかはし しのぶ
髙橋 忍 ———————— 66

たかはし はるみ
高橋 はるみ ———————— 112

たけだ ひであき
武田 秀章 ———————— 94

たちばな けんち
橘 ケンチ ———————— 210

たなか けんいちろう
田中 健一郎 ———————— 114

たにじり まこと
谷尻 誠 ———————— 42

たぬま しげき
田沼 茂紀 ———————— 150

247

たまる まき
田丸 麻紀 —————— 200

たむら ひろし
田村 弘 ————— 98

ちの たかし
千野 隆司 ————— 100

ちば ゆうだい
千葉 雄大 ————— 18

つだ えい
津田 栄 ————— 142

つるた まゆ
鶴田 真由 ————— 40

てらだ なつき
寺田 夏生 ————— 76

とだ えりか
戸田 恵梨香 ————— 36

とりやま やすたか
鳥山 泰孝 ————— 214

な行 —————————

ながおか たかし
長岡 孝 ————— 126

なかがわ まさしち
中川 政七 ————— 46

なかじま つねゆき
中嶋 常幸 ————— 176

にし たてき
西 樹 ————— 128

のもと ひろふみ
野本 弘文 ————— 232

は行 —————————

はくほう しょう
白鵬 翔 ————— 50

はしもと ごろう
橋本 五郎 ————— 132

はしもと しゅういち
橋元 秀一 ————— 166

はせがわ ほづみ
長谷川 穂積 ————— 22

はなだ かずよし
花田 紀凱 ————— 56

はば よしたか
幅 允孝 ————— 236

はやし まりこ
林 真理子 ————— 32

ぴーたー ばらかん
ピーター バラカン ————— 124

ひがし かずひろ
東 和浩 ————— 120

ひょんり
玄 理 ————— 218

ふじなみ たつみ
藤波 辰爾 ————— 108

ふじわら こうじ
藤原 弘治 ————— 72

ま行 —————————

まいのうみ しゅうへい
舞の海 秀平 ————— 190

まえだ やすひろ
前田 康弘 ————— 102

ますだ ひろや
増田 寛也 ————— 186

まるやま ごんざれす
丸山 ゴンザレス ————— 88

みぎまつ けんた
右松 健太 ————— 54

三毛 兼承 ——————— 78

水口 圭 ——————— 188

三宅 宏実 ——————— 220

ミヤケ マイ ——————— 178

茂木 健一郎 ——————— 196

森 英恵 ——————— 68

や行 ———————————

山崎 ナオコーラ ——— 82

山本 寛斎 ——————— 84

山本東次郎則寿 ——— 118

吉田 浩一郎 ——————— 164

吉田 茂穂 ——————— 122

ら行 ———————————

李 済華 ——————— 168

わ行 ———————————

若林 辰雄 ——————— 134

渡辺 俊介 ——————— 228

書名索引

あ行

Outliers	［Malcolm Gladwell］	146
蒼き狼	［井上 靖］	156
あすなろ物語	［井上 靖］	100
嵐が丘	［エミリー・ブロンテ］	82
あるヨギの自叙伝	［パラマハンサ・ヨガナンダ］	40
アンダーグラウンド	［村上 春樹］	174
生きがいの創造	［飯田 史彦］	214
逝きし世の面影	［渡辺 京二］	92
いつか別れる。でもそれは今日ではない	［F］	226
永遠の０	［百田 尚樹］	176
影響力の武器	［ロバート・B・チャルディーニ］	60
栄光の岩壁	［新田 次郎］	142
えーえんとくちから	［笹井 宏之］	182
エミール	［ジャン＝ジャック・ルソー］	62
折口信夫全集１　古代研究	［折口 信夫］	216

か行

街道をゆく	［司馬 遼太郎］	140
快楽としての読書〔日本編〕	［丸谷 才一］	152
覚悟の磨き方	［池田 貴将］	22
学問のすすめ 現代語訳	［福澤 諭吉］	184
神なるオオカミ	［姜 戎］	50
カラマーゾフの兄弟	［ドストエフスキー］	90
考え方	［稲盛 和夫］	58

漢字	［白川 静］	38
君たちはどう生きるか	［吉野 源三郎］	12,160
君の志は何か	［前田 信弘］	198
近代法の常識	［伊藤 正己］	48
「空気」の研究	［山本 七平］	206
空白の天気図	［柳田 邦男］	114
剣客商売	［池波 正太郎］	188
恋と退屈	［峯田 和伸］	18
孔子	［井上 靖］	34
工場に生きる人びと	［中村 章］	166
古事記	［西宮 一民 校注］	94
国境の南、太陽の西	［村上 春樹］	210
今年竹	［里見 弴］	80

さ行

細雪	［谷崎 潤一郎］	32
寂しい生活	［稲垣 えみ子］	124
されど　われらが日々——	［柴田 翔］	128
山月記・名人伝	［中島 敦］	74
死者の書	［折口 信夫］	28
失敗の本質	［戸部良一 ほか］	172
自分の感受性くらい	［茨木 のり子］	106
修身教授録　一日一言	［森 信三］	44
十二人の怒れる男	［レジナルド・ローズ］	192
昭和文学全集	［谷崎 潤一郎 ほか］	56

職業としての政治	［マックス・ヴェーバー］	186
新史太閤記	［司馬 遼太郎］	52
信念	［ディエゴ・シメオネ］	144
少しだけ、無理をして生きる	［城山 三郎］	134
精神と情熱とに関する八十一章	［アラン］	130
世界のエリートはなぜ「美意識」を鍛えるのか？	［山口 周］	46
世界は一冊の本	［長田 弘］	20
関ヶ原	［司馬 遼太郎］	108

た行

脱学校の社会	［イヴァン・イリッチ］	150
旅に出よう	［近藤 雄生］	24
騙されてたまるか	［清水 潔］	54
卵をめぐる祖父の戦争	［デイヴィッド・ベニオフ］	14
だれも知らない小さな国	［佐藤 さとる］	234
探検家、36歳の憂鬱	［角幡 唯介］	84
歎異抄	［金子 大栄 校注］	162
長安の春	［石田 幹之助］	70
超バカの壁	［養老 孟司］	158
沈黙	［遠藤 周作］	148
使える弁証法	［田坂 広志］	232
ティファニーのテーブルマナー	［W・ホービング］	30
栃と餅	［野本 寛一］	136
土俵を走る殺意	［小杉 健治］	190

な行

ながい坂	［山本 周五郎］	72,132
NASAより宇宙に近い町工場	［植松 努］	98
日日是好日	［森下 典子］	36
日本人とユダヤ人	［イザヤ・ベンダサン］	154
日本の知恵	［亀井 勝一郎］	118
野村克也の「菜根譚」	［野村 克也］	76

は行

ハーバードでいちばん人気の国・日本	［佐藤 智恵］	126
はじめて考えるときのように	［野矢 茂樹］	42
馬上少年過ぐ	［司馬 遼太郎］	86
叛アメリカ史	［豊浦 志朗］	110
悲劇の誕生	［フリードリッヒ・ニーチェ］	196
ビジネスマンの父より息子への30通の手紙	［G・キングスレイ・ウォード］	26
100歳だからこそ、伝えたいこと	［塩谷 信男］	230
風姿花伝	［世阿弥］	66,178
ボクの音楽武者修行	［小澤 征爾］	236
星の巡礼	［パウロ・コエーリョ］	112
本田宗一郎	［野中 郁次郎］	120

ま行

松平家　心の作法	［松平 洋史子］	16
道をひらく	［松下 幸之助］	204
三屋清左衛門残日録	［藤沢 周平］	180
宮沢賢治全集	［宮沢 賢治］	96

未来のスケッチ	［遠藤 功］	164
無常という事	［小林 秀雄］	122
MADE IN JAPAN	［盛田 昭夫］	78
モモ	［ミヒャエル・エンデ］	212,218
モリー先生との火曜日	［ミッチ・アルボム］	202

や行

夢をかなえるゾウ	［水野 敬也］	220
夢を喜びに変える自超力	［松田丈志・久世由美子］	102
吉本隆明詩全集5	［吉本 隆明］	222
弱いつながり	［東 浩紀］	228

ら行

利他のすすめ	［大山 泰弘］	138
林住期	［五木 寛之］	200
ルリユールおじさん	［いせ ひでこ］	194
歴史という武器	［山内 昌之］	68
歴史とは何か	［E・H・カー］	168

わ行

ワセダ三畳青春記	［高野 秀行］	88
私とは何か	［平野 啓一郎］	224
わたしの娘を100ウォンで売ります	［張真晟］	104

國學院大學みちのきち

みちのきち　私の一冊

2018（平成30）年4月30日　初版1刷発行

編　者	國學院大學みちのきちプロジェクト	
発行者	鯉渕　友南	
発行所	株式会社 弘文堂	101-0062　東京都千代田区神田駿河台1の7 TEL 03(3294)4801　　振替 00120-6-53909 http://www.koubundou.co.jp
監　修	BACH　幅　允孝	
デザイン	6D　木住野　彰悟	
photo	木寺　紀雄	
印　刷	図書印刷	
製　本	図書印刷	

© 2018　Kokugakuin University. Printed in Japan

[JCOPY]〈(社)出版者著作権管理機構　委託出版物〉

本書の無断複写は著作権法上での例外を除き禁じられています。複写される場合は、そのつど事前に、(社)出版者著作権管理機構（電話 03-3513-6969、FAX 03-3513-6979、e-mail: info@jcopy.or.jp）の許諾を得てください。
また本書を代行業者等の第三者に依頼してスキャンやデジタル化することは、たとえ個人や家庭内での利用であっても一切認められておりません。

ISBN978-4-335-95040-7

もっと日本を。もっと世界へ。